アドラー心理学
愛と勇気づけの
子育て

○

岩井俊憲

○

方丈社

アドラー心理学
愛と勇気づけの
子育て

○

目次

第1章　尊敬・共感・信頼と、勇気づけの子育て

第2章　良好な親子関係を築く

第3章　体験こそ子どもの最大の教師

第5章　自分を勇気づける

はじめに―息子からの勇気づけの手紙―

息子から手紙をもらいました。彼が19歳の大学生のときのことです。私と妻の結婚20周年を記念して、わざわざ書いてくれたのです。

本人に許可をもらっているので、その一部を抜粋します。

毎日家族のために一生懸命働いてくれてありがとう。いつも頼りになって、どんなに忙しいときでも常に家族のことを気遣ってくれるあなたは俺にとって本当に理想の存在です。

あなたは本当になんでも自由にやる機会を与えてくれます。でもそれは放任なんかじゃなくて、俺のことを本気で考えていてくれるからだと思っています。

きっとそれはすごく大変なことだと思うけど、不満や心配を口にすることもなく、いつでも笑って応援してくれるあなたは本当に人間として大きいし、何より最高の父です。

俺は本当に自分の父があなたであることを誇りに思います。
俺は胸を張って、あなたが世界で一番の父だといえます。
今まで一度たりとも、他の家庭に生まれたかったなんて思ったことがないくらい、このあたたかくて楽しくて平和で、両親の仲が良い家庭に生まれることができて、俺は本当に幸せです。

こうして手紙というあらたまった形で感謝を伝えてくれるのは、彼なりにこの記念日を大切に思ってくれていたからでしょう。

そうでなくても、ふだんから本当によく感謝を口にする子です。ちょっとしたことをしただけで「ありがとう」と返ってくるので、私たちはいつも彼から勇気づけられています。

手前味噌のようですが、息子は親の私から見ても気持ちのいい青年です。子育ての過程では、必ずしも親の願ったとおりでない部分もありましたが、間違いなく子ども自身が願ったとおりの遊び方、学び方、育ち方、生き方をし、彼の希望した大学・学部、就職先に進むことができました。

彼は今31歳になり、自分と周囲を勇気づけながら仕事で活躍する日々を送り、学生時代からおつきあいをしてきたすばらしい女性と結婚しました。これも母親のお腹にいるときからまるで胎教のようにアドラーの理念に触れていたおかげといえるのではないか――私はそんなふうに感じています。

アドラー心理学とは、オーストリア生まれの精神科医・心理学者であるアルフレッド・アドラー（1870〜1937）を祖とする心理学で、現在では精神医学、心理学、社会教育、学校教育、ビジネスなど幅広いジャンルで、カウンセリングやセラピー、教育、人材育成などに活用されています。

私は38年間、困難を克服する「勇気」と、それを与える「勇気づけ」を中心に据えたアドラー心理学の普及と実践に力を注いできました。筆者が代表を務めるヒューマン・ギルドで開発した、アドラー心理学をもとにした子育てプログラム「愛と勇気づけの親子関係セミナー（SMILE）」は、これまでに7万人近くの受講者を数えます。

この本には、その理論と、私自身が家庭の中で実践した体験が生かされています。執筆に際しては、次の3つの点をつねに念頭に置きました。

①この本は、あなたを勇気づけることを目的にしています。私たち夫婦が子育てでもっとも重視したのは、アドラー心理学のキーワードである「尊敬」「共感」「信頼」です。本書を読み進めていくうちに、あなた自身の中にこの3つのキーワードがしみ込んでいき、「この子の親でよかった」という気持ちになります。

②この本は、困ったときだけ頼りになる対症療法的・応急処置的な育児書ではありません。その場限りの対応をしても、また同じパターンか、少し形を変えた似たパターンが繰り返されるだけです。目先の対応法ではなく、子育てのベースとなる確かな指針を持てるようになる本です。

③この本は、理論とそれに裏づけられた実践によって成り立っています。あなたが信念をもって子育てをできるよう、また時に生じる子どもの困った行動にも動じることなく対応できるよう、徹底的に応援します。

これから育ちゆくすべての子どもたちと、彼らを支え、見守り、導くすべての親たちのためにアドラー心理学はあります。本書ではその実践方法を具体的に、そして私と妻、息子の体験を交えながら、ときに理論も重ねながらお伝えします。この1冊が子育て中のみなさんの役に立つことを心から願っています。

岩井俊憲

第1章

尊敬・共感・信頼と、勇気づけの子育て

アドラー心理学のベースにあるのは、「尊敬」「共感」「信頼」に基づく人間関係です。親子であっても、例外ではありません。一人の人間としてわが子の尊厳を認め、礼節をもって接し、その人格を全面的に受容する――そこに子育ての出発点があります。そして、つねに「勇気づけ」の姿勢を親が示すことで、子どもは困難を克服する活力を得るのです。

1

尊敬――子どもの尊厳を認め、礼節をもって接する

子育ての原点

子育ての原点――それは子どもの誕生です。
私たちの子ども（以下この本では「タクロウ」とします）が生まれた夕刻、妻は最初の「成長の記録」日記にこんなことを書いていました。

一生懸命生まれたから長い頭
目は切れ長
鼻は少し小鼻が張って高め
唇はキリッと結んでいる。
私は本当にお母さんになったんだ。
あの子はこのお腹にいた子

お腹にいるときいつもどんなお顔なの？と思っていた。
お腹から出てしまったら
本当に一人と一人の人間になってしまったようで
我が子というより一人の赤ちゃんの友だちができたみたい……。

切迫流産の危機を乗り越えて目標どおり
37週以上２５００g以上　普通分娩を達成できた。
途中、本当にそうなれるかと不安になったけれど
信じ続けてよかった……。
それは自分だけでなくタクロウを信じ続けることでもあった。

タクロウは、危機を乗り越えて生まれた子でした。私たち夫婦を強く結びつけてくれた子どもでした。そして何よりも、私たちを育ててくれた子どもでした。

私たちがこの子を迎える姿勢は「尊敬」そのものでした。何しろ彼は、無限に近い候補の中から、待ち望んだ命を持った存在として、わざわざ私たちを選んで生まれてきてくれ

たのですから、その命に対して尊敬を抜きにして考えることができませんでした。

子どもにも人間としての尊厳がある

『広辞苑』で「尊敬」を引いてみると、「他人の人格・行為などをとうとびうやまうこと」とあります。日本語の「尊敬」は、どうしても「仰げば尊し」のように、下のポジションにある人間が上の立場の人を仰ぎみる、というニュアンスがあるのです。

ところが、私たちが学んでいるアドラー心理学では、尊敬を英語のリスペクト（respect）の語感で捉えています。

英語の“respect”は、その人との関係を距離を置いて見つめ直し、冷静に対応しようとする態度がふさわしいようです。

このことから、私は「尊敬」を次のとおり定義しています。

「人それぞれに年齢・性別・職業・役割・趣味などの違いがあるが、人間の尊厳に関しては違いがないことを受け入れ、礼節をもって接する態度」

私たちが生み育てた子は、年齢や役割を超えて、私たちと比べても、人間としての尊厳の重みに変わりがないのです。相手が（身体的・知的・発達上の）障害を持って生まれた子であっても、老いた人であっても、病んだ人でも、人としての尊厳には変わりがありません。そう受け止めると、尊厳を持つ存在に対しては、礼儀と節度（礼節）をもって接する態度が必要になってきます。

カウンセリングをしていると、自分の子どもを「小さい頃はかわいかったけど、今は憎たらしくて、もうあんな子はいらない」とおっしゃる方がいます。極端なケースでは、虐待まがいのことをしてしまう親がいます。

そんなお母さんに、子どもが生まれてから今日までのことを尋ねると、子どもの誕生の瞬間は、それこそ自分の命と引き換えにしてもいいような決意で産み、大変なストレスを抱えながら育て、子どもを限りなく愛おしく思っていた時期が必ずあります。

お母さんに子どもの誕生の物語を語っていただくと、その物語の中に尊敬の原点があります。尊敬を忘れそうなときがあるとしたら、誕生の物語に立ち返ってみるのも一つの方法です。

2 共感――子どもの目で見て、子どもの耳で聞く

子どもの関心に関心を持つ

共感についてアドラーは「他者の目で見、他者の耳で聞き、他者の心で感じること」という表現をよく使っています。子どもに共感するということは、「子どもの目で見、子どもの耳で聞き、子どもの心で感じること」なのです。

タクロウ2歳11カ月のときです。妻は、「成長の記録」日記にこんなことを書いていました。

> 開けてはいけないところ、今回は特に洗面所のシンクの下。開けてはいけないのはわかっているので、私がいる部屋のふすまやドアを全部閉めて、静かになったなと思うと、そこへ行って開けている。何度お願いしても少しするとそこへ行っている。これはもう、好奇心を満たすまで彼はやめないだろう。目的は好奇

心を満たすことなんだから。そうだよね、知りたいことを放っておくことなんて、できないよね。

　夜、夫にタクロウは私がいる部屋のふすまやドアを全部閉めてからシンクの下を探索することを話すと、「ターちゃんが探索を始める前にふすまやドアを全部閉めるっていうのは、だいぶ複雑な予測能力ができているってことだぞ」と話してくれた。

　予測能力がついてきたことも、好奇心旺盛なことも嬉しい！　私はこういう好奇心をどんどん満たしてあげたい。

　それでシンクの下も思いきり堪能させてあげた。本当に危険なものは別の場所に隠し、それでも、「これとこれは口に入れたら病院に行かなくちゃならなくなるからね」と丁寧に話したら真剣な目をして聴いていた。そして壁の陰からこっそり見ていると、触ってはいけないと言われたものには触らず、唇を突き出して一つひとつ満足のいくまで触っていた。石鹸は全部紙を破いて出していたけど、それくらいどうってことない。

　十分堪能できたのか、以来シンク下を開けることはなくなりました。

子どもは、自分の好奇心を満たすためにさまざまな探索行動をします。そのことはときに、親にとっては迷惑な行動に映ります。しかし、ある行動が次にどんなこととかかわるかを知ることで、子どもは自分が関心を持ったものが何と結びついているかを学びます。このことで予測能力が訓練されるのです。そして、探索行動を十分堪能できると、その行動は終わり、次の好奇心の対象に移ります。

妻がタクロウに対してとった行動は、徹底的に共感に基づいています。「子どもの目で見、子どもの耳で聞き、子どもの心で感じること」を行ったのです。より簡潔にいうと、「子どもの関心（好奇心）に関心（好奇心）を持つこと」をしたのです。

子育ての際、親が子どもの関心に関心を持たずに自分の関心を持つと、子どものやることなすことが迷惑な行動に見えてしまいます。「なんてことをするのだろう。いたずらばっかり。自分の仕事を増やしてばかり。いい加減にしてちょうだい」と思ってしまうと、子どもがいるだけでも厄介な気分になってしまいます。

子育ては貴重な「共感トレーニング」

親が子どもを通じて共感の訓練をしているうちに、共感の対象が他者にも広がり、お年寄りに共感できるようになり、職場でもお客様の関心にも関心が持てるようになります。

バリバリ仕事をしていた人が、子どもを産み育てる過程で、社会から取り残されていると感じることがあります。しかし、子どもとのかかわりを持つことは、社会で得ることのできない貴重な体験をしていることでもあるのです。その貴重な体験とは「共感のトレーニング」です。子どもと一緒になって、ときに少し距離を置いて、子どもと過ごす時間は、何にも増して共感力を養う絶好の機会です。

私は、この本を書くにあたって、妻の「成長の記録」日記に改めて目を通してみました。もともと幼稚園の教師でもあった妻が、園の子どもたちと過ごす以上に、自らの子どもと共に育っていたことを、私はこの日記から確認できました。

3 信頼――子どもを無条件に信じ、人格を全面的に受け入れる

親の決意と忍耐が必要

「信頼」と似た言葉に「信用」があります。この本では、根拠を求めて信じるかどうかを決めることを「信用」、根拠を求めることなく無条件に信じることを「信頼」と定義します。アドラー心理学で重視する子育ての態度は「信頼」です。子どもを信頼するとは、子どもの行動に不適切な側面があるとしても、子どもの人格を全面的に受け入れる態度のことです。

無条件に信じるためには、まず決意が必要です。さらに、相手の行動によって信頼が揺らぎそうになることがありますが、それを乗り越える忍耐も要求されます。信頼の裏側には、決意と忍耐があるのです。

私たちの息子が浪人中だったときのエピソードをご紹介しましょう。このとき、アドラー心理学が身についていたはずの私たちに、信頼の真価が問われる事態が訪れました。

そのことを妻は「成長の記録」日記に次のように綴っています。

予備校に行くかどうかということは、経済的な問題が絡むので、親子の課題になってくる。けれどタクロウは予備校には行かず、自宅浪人をするから、今後予備校のことや勉強の仕方について口出しをしないでほしいと言いました。そのとき、私も決意しました。タクロウを信じて、決して口出しをしないという支援をしようと。模擬試験も全く受ける様子がないので、その件について話したいときは「模擬試験のことが気になっているんだけど、話してもいい？」などと聞くと、タクロウは自分の考えを話してくれました。後は、一日中部屋からギターをかき鳴らす音が聞こえようと、夜、長時間スカイプを使っての話し声が響いていようと、勉強のことには口を出しませんでした。しかし、これは本当に苦しくて辛いことでした。夜、帰宅した夫に「少しは注意した方がいいのかな？　最後まで見守りたいけど、辛い」と相談することもたびたび。夫は、「これはタクロウが克服すべき彼自身の課題だし、彼はできる！　と、根拠がなくても信じよう。ねぇ、こんなに彼のことを思うのはお母さんの愛情だねぇ。信頼するということは、根拠がなくても信じ続けることだよ。そして、我々親も忍耐するということなの」。そう勇気づけてくれました。それは私のチャレンジ。「タクロウが頑張っているように、私はこの私の課題を貫こう」。そう思いました。

そして、タクロウは第一志望の大学・学部に合格。後にタクロウは、私たちが勉強に口を出さず信頼してくれたことを、簡単なことじゃなかったと思う、と感謝を伝えてくれました。私は子育てで信頼すること、そのために忍耐することを学ばせていただきました。

妻は専業主婦で、1日の多くを息子と一つ屋根の下で暮らしていました。どうしても息子の行動が気になります。勉強をしているときは目立たないのに、ギターをかき鳴らしている音や、スカイプでおしゃべりしている大声は気障りです。こういうことに気を取られ始めると、ほとんど勉強していないという印象を持ちやすくなります。ここで親が暴発し、「家で受験勉強すると言っていながら全然勉強しないじゃないの！」と言ってしまったら、親子の信頼関係が崩れてしまいかねません。

親からの雑音に妨げられることがなかった息子は、私たちの信頼の態度を感じ取っていたのか、気分転換を適度に加えながら宅浪期間を全うし、「まえがき」で紹介したように両親の結婚20周年記念日に感謝を表明してくれました。

相互尊敬・相互信頼

アドラー心理学では、「尊敬」「信頼」の前に「相互」をつけた、「相互尊敬」「相互信頼」という言葉がよく使われます。親から子どもに対して尊敬や信頼の態度を示していると、子どもの側からも尊敬・信頼が示され、お互いの関係が尊敬・信頼によって結びつきます。

ただ、尊敬・信頼は、親子それぞれの発揮のタイミングが違うし、バランスの違いもあります。

私たち夫婦は、子どもが生まれる前から尊敬していましたし、その態度は子どもの誕生後にますます強まりました。また、乳幼児の頃からタクロウを信頼していました。相手から尊敬・信頼が伝わるのを確認する前に決めていたのです。

相互尊敬・相互信頼のバランスに関しては、５対５（フィフティ・フィフティ）でないことを理解しておかなければなりません。親子関係をタテの関係で捉えると、子どもの側がより多く親を尊敬・信頼しなければならなくなりますが、子どもは親に対して心理的なハンデキャップがあるため、むしろ親の側が率先して子どもに対して尊敬・信頼してこそ対等な関係が築けると思います。

親子間の相互尊敬・相互信頼を築くためには、「親の側がより先に」「より多く」尊敬・信頼することが重要なのです。

4 勇気——困難を克服する活力

自分でリスクを引き受ける気概

親の態度が「尊敬」「共感」「信頼」に貫かれていると、確実に子どもに「勇気」を与えることができます。

「勇気」は、アドラー心理学が最も大切にしている概念の一つで、私は「困難を克服する活力」と定義しています。

「勇気」を「勇ましい気力」と読み取ってしまうと、「勇敢」や「蛮勇」のような、ときとして「向こう見ずの勇ましさ」と混同してしまうことがあります。「勇気」は「勇敢」や「蛮勇」

と違って、臆病者であっても、いざという場面で困難を克服するために発揮できる活力であり、直面するリスクを引き受ける気概でもあります。

勇気は3歳に満たないタクロウにも育っていました。そのことを妻の「成長の記録」日記からご紹介します。

2歳12ヶ月
汽車の遊びコーナーで、タクロウより少し大きい子がタクロウのおもちゃを取ろうとしてけんかになる。見ていると、タクロウは手を後ろにまわして取られないようによけてまわり、相手がつかみかかって叩くとタクロウも必死でつかんで相手の足を蹴っている。ついに大きい子に取られて、初めてウワーンと泣き出した。私はそこには行かず、タクロウが来るのを待っていた。タクロウが来たので「どうしたの?」とタクロウの話をよくよく聴いて、「どうしたい?」と尋ねると、

「返してほしい」と言う。

母「返してって言ってみたら?」

タクロウ「お母さん言って」

母「お母さんが使うものではないから、一緒にそばに行ってあげるのはいいけど、お母さん一人で言いにはいかない」

そう言っていたら、もっと大きい子（5、6歳）がさっきの子からおもちゃを取り上げた（子どもの世界もサバイバルだ）。

母「あの子なら優しそうだから、貸してって言ってごらん」

タクロウは走って行って「貸して」と言うと、相手があまりにも小さい子なので嫌とも言えなかったのか「いいよ」と貸してくれた。タクロウは「ありがとう！」と言いつつびっくりしていた。

この場面で、親が問題に関与してしまったら、解決は容易かもしれません。しかし、親が安易に手を貸すと、どうなるでしょうか。タクロウはきっと、親に頼れば問題の解決が手っ取り早いということを学んでしまうでしょう。そしてその後も、自分の思い通りにならない出来事が起これば、そのつど親を頼り、自分の問題を親に解決してもらうのが習い性になってしまうかもしれません。

見知らぬ年上の子に自分から要求するには、ほんの少しの勇気が必要です。それでも、子どもは自分でリスクを引き受ける気概を持つ必要があるのです。

勇気を身につけるためには、このようにさまざまな課題に出合うたびにレッスンが必要です。このレッスンの積み重ねで子どもは勇気のある子どもに育っていきます。

「勇気づけ」と「勇気くじき」

「困難を克服する活力」である勇気。それを与えることを「勇気づけ」といいます。

ところが、この「勇気づけ」とは正反対の、子どもの勇気を損なう親の対応があります。それが「勇気くじき」です。

次のような親の対応は「勇気くじき」に相当します。ご自身の日ごろの振る舞いの中にどれくらい当てはまるものがあるか、該当する□にチェック（☑）を入れて確認してみましょう。

□子どもを罰する。

□子どもにほうびを与えて動かそうとする。

□子どもを頭ごなしに叱る。

□子どもに小言を言う。
□（子どもがうるさがっているのに）同じことを何度も、いつまでも言う。
□子どもをせかしてばかりいる。
□子どもが自分ですべきことに口出しする。
□子どもの習い事を勝手に決める。
□勉強に干渉する。
□子どもの食事に関して過度に神経質になる。
□子どもの友だちづきあいに干渉する。
□子どもの小遣いの使途についてあれこれ指示やチェックをする。
□子どもが自分でやるつもりのことを代わりにやってしまいます。

右の13の項目に7つ以上☑がつくようなら、かなりの勇気くじきをしている可能性があります。

勇気くじきにあたる行為はこの他にもありますが、このような行為は子どもの自立心と責任感を損なうことにつながります。アドラー心理学ではこれを「甘やかし」と言っています。

「甘やかし」は、一般的には過保護のことを言いますが、アドラー心理学では、賞罰、過干渉を含めた子どもの自立心と責任感を損なう親の対応を「甘やかし」と呼んでいるのです。

「甘やかし」にならずに、「尊敬」「共感」「信頼」の態度に基づいて、子どもに困難を克服する活力を与える親の対応が「勇気づけ」です。

勇気づけのポイントは、次の3つです。

①賞や罰（いわゆる「アメとムチ」）で子どもを操作しない

勇気づけは、子どもをいい気持ちにさせることではなく、親の好む行動をしたときにほうびをあげたり、賞賛の言葉を伝えたりすることではありません。

たとえば、親が食後の片付けもままならず急に出かけてしまった後、子どもが食器を洗ってくれたとします。そんなとき、「えらかったね」と言うだけでなく、子どもの望むものをほうびとして与えるようになると、どうなるでしょうか。子どもは、ほうびを当てにして食器洗いをすることはあっても、何ももらえなくなると、やらなくなるかもしれません。つまり、賞がなければ行動しない子になる可能性があるのです。

勇気づける対応は、子どもが食器を洗ってくれた行動に対しては、「ありがとう。助かったわ」と感謝を表明しますが、そのことに賞としてのモノを関連づけません。

②子どもが自ら直面する課題（ライフタスク）の克服を支援する

勇気づけは、事前に「子どもの課題」と「親の課題」とを整理できたところで効果を発揮します。子どもは、自分の課題に自分なりの方法で取り組まなければなりません。勇気くじきに相当する13のチェック項目のうちの子どもが自分ですべきこと、習い事、勉強、食事、友だちづきあい、小遣いの使途、自分でやるつもりのことは、子どもの課題であって親が干渉すべきことではありません。

このような日常生活の細かなことばかりでなく、子どもは日々、勉強、習い事、家事の分担（これらを「仕事のタスク」と言います）、友だち関係（「交友のタスク」）、家族の中での親、きょうだい、祖父母との関係（「愛のタスク」）について直面する課題をこなさなければなりません。これらをまとめて「ライフタスク」と言い、これらを子どもからの求めがあったときに、必要に応じて支援するのが勇気づけの対応のひとつです。

③みんなの役に立てるよう勇気づける

自分のささやかな貢献が、家族に、仲間に、そして広くは社会に、役に立つことを学べるように支援するのが勇気づけです。

たとえば、子どもが食器洗いをしてくれたとき、ほうびを与えると、食器洗いの行動が子ども自身の利益につながることを学び、家族の役に立つこととは遠ざかってしまうことを意味します。


困難を克服する活力を与える勇気づけは、賞や罰で親の思うとおりに子どもを操作することではありません。相互尊敬・相互信頼の親子関係を基盤とし、共感的な関わり方をすること。そして、子ども自身のライフタスク（人生の課題）の克服につながり、みんなの役に立てるように支援することです。

その具体的な対応法について、次章以降で見てみることにしましょう。

第2章

良好な親子関係を築く

子育てのベースは、尊敬、共感、信頼であることを前章で学びました。この章では、それらを具体的に実践する方法を考えます。子どもの不適切な行動に対して親はどうするか、きょうだいげんかへの対応、子どもの話の聴き方、子どもへの頼み方、怒りの感情のコントロール法など。親子の関係が良好であれば、子どもはグングン伸びます。

1 日常の小さな積み重ねが親子関係をつくる

戦いではなく信頼の関係を

先日ラジオから、こんなやり取りが聞こえてきました。

はじめに、リスナーからの子育てのお悩みメールが読み上げられました。

「何度言っても言うことを聞きません。こんなに言ってるのになんでできないの⁉ って腹が立ってしまいます。男の子ってどうしてこうなの？ 男の子だからしかたないのかしら？」

それに対して、DJを務めるタレントさんは、こんなふうに答えていました。

「そうなのよねー。私がどうしたらいいか教えてほしいですよー。これはもう戦いですね。お母さん、がんばりましょう！」

このように「子どもが親の言うことを聞かない」という問題を、親と子の戦いと捉える風潮は、ときどき見られます。

しかし、こうした〝戦いの感覚〟をもとに親に叱られる子どもは、何を感じ、何を学んでいるでしょうか。

子どもの立場に立ってみれば、不快なやりとりの時間、自分を否定されたような気持ち、「大人は支配的だ。言うことを聞いてしまったらこの戦いに負けてしまう。だから絶対、言うことを聞くもんか！」となるのではないでしょうか。

これに対して、親子は戦いの関係ではなく、信頼の関係に基づいているという認識の親に育てられる子どもは、「大人は信頼に値する」「自分は大切にされている」「自分も他人もかけがえのない大切な存在だ」と心に刻んでいきます。すると、親が子どもを叱る必要性のある場面は、きわめて少なくなってくるものです。

子どもを叱らないで育てるなんて、甘やかすことになるのではないか、親がなめられてしまうのではないか、現実的には無理――そう思われるでしょうか。

信頼の親子関係を築くことは、けっして大げさな話ではありません。それは日々の小さな当たり前の中にあります。日常の小さなやりとりや会話がいつの間にか積み重なって、現在の親子関係が築かれているのです。当たり前の日常の中で、少しずつ意識を変えることで、信頼の子育て、叱らない子育てはできるようになります。

さあ、一歩ずつやっていきましょう！

口を出す前に子どもの行動を観察する

優しくて気働きができるお母さんたちは、ついつい先回りしてやってあげてしまいがちです。相手が赤ちゃんであれば、まだうまくできないから、汚してほしくないから……と。

また、なんでもよくできる大人からすると、ついつい子どもを急《せ》き立てがちです。相手が幼児であれば、「早く着替えなさい」「見てないであなたも仲間に入りなさいよ」と。小学生くらいになると、子どもが学校から帰ってくるなり「宿題、さっさとやりなさいよ！」「あなたは遊んでばかりじゃないの！」と、無意識に口を出している親を見かけます。親たちにとっては、それが当然のしつけ、教育だと思っているかもしれません。それならば、なぜ同じ注意を繰り返しても、子どもの行動が変わらないのでしょうか。

口を出す前に、少し意識して子どもを観察してみましょう。そのとき、尊敬、共感、信頼の目をもって観察してみてください。

まだいろいろなことがうまくできないと思われている赤ちゃんでも、よく観察してみると、それはできるようになるためのたゆまぬ練習なのだということに気づきます。

食事のスプーンを放り投げるのは、お腹いっぱいでもう飽きたという合図かもしれません。投げる行為ができるようになったことを喜び、楽しんでいるのかもしれません。赤ちゃんにとっては良い悪いはないのです。

朝着替えが遅いのは、まだ眠いのか、傍《かたわら》の絵本を見ながら着替えているからなのか、実は保育園や幼稚園に行くのがいやなのかもしれません。仲間に入るのに時間がかかる子どもは慎重な子どもで、仲間の様子を見るのが必要なのかもしれませんし、その遊びをしたくないのかもしれません。

遊んでばかりいるように見える子どもの遊びを観察してみてください。友だちとかかわり合い、大人からはバカバカしく見えることを真剣に、あるいは実に楽しそうにしているかもしれません。くだらなく思われることでも、それは子どもたちの柔らかで豊かな発想の一つとみなすこともできます。

宿題に関しても観察してみると、一刻も早く友だちと遊びたくて後回しになるのか、難しくてできないから直視したくなくて後回しにしているのか、もし声をかければ本当に宿題をしないのかどうか、知ることができるのです。

それらを知ったとき、「スプーンを投げられて嬉しいんだね」「着替えももどかしいほど絵本が面白かったんだね」「宿題より先に友だちと遊びたいなんて、気の合う仲間がいてよかったね」という共感が生まれてくるはずです。

それを知って初めて、どう対処するのかが見えてくるのです。まずは尊敬・共感・信頼の心で、子どもの行動を観察することから始めてみましょう。

興味を持ってタクロウの行動を観察していた妻は、「成長の記録」日記にこんなことを書いていました。

＊生後15日を過ぎた頃から

起きている間はずっと、せっせと自分の顔をひっかいたり、右手で左手を不器用につかみじっと見て舐めようと一生懸命だ。やっと口に運び、舐めて、こうしてそれは自分の手であることを認識していくんだね。頑張れ、頑張れ！

＊6カ月の頃

腹ばいになって手で上体をそらすことはできるが、ハイハイはできない。見ていると、和室の一番奥から寝返りしながらコロコロ転がってきた。引き出しのところまで来ると、上体をそらして引き出しの取っ手を散々舐めてから方向転換をしてまたコロコロ。壁にぶつかるとまた方向転換。敷居もコロコロと乗り越えてダイニングへ突入。方向転換を繰り返しながらタクロウが目を輝かせてつかんだ物は、スリッパだった！　自分で目標のところまで行けるようになって嬉しいね！　ターちゃん！

子どもが大きくなると親が子どもに望む、繰り返し努力するということを、実は子どもは生まれたときからちゃんとやっているんだ！　でも手を舐めたら汚いとか、服が汚れるからとか、大人の都合で邪魔をしていくうちに溢れるほどあったそれはすり減ってしまうんだ。

＊1歳0ヶ月
タクロウは「自分で！」と言って、手で食べている。そしてお皿からテーブルにぽいぽいとおかずを出す。なんでかな？　とよく見ていると、そこで選り分けていたのだ。人参だけとりたいときとか、ほうれん草だけとりたいときとか。そうだったのか！　いろいろ考えているんだね。

大人の関心で子どもを見ていると、「やっとこの段階に来たのか」というレベルですが、「赤ちゃんの目で見、赤ちゃんの耳で聞き、赤ちゃんの心で感じる」共感で受け止めると、子どもの小さな試みに感動します。たとえ動き回らない赤ちゃんでも、観察していると、生まれたそのときから、まるで用意されたプログラムを知っているかのように成長に即して繰り返し訓練していることに気づきます。また一生懸命なその表情の可愛さにも感動するでしょう。赤ちゃん特有の行為はすべて成長のために欠かせない、大切なプロセスなのだと思うと、応援してこそ「手をなめてはダメ」とか「いたずらしてはダメ」などと安易に言って邪魔はできなくなるはずです。

子どもが2歳になると、親としても確信ができてきます。

＊2歳の頃
タクロウは、ブランコや体操でもそうだが、この子は、冒険屋ではないが、引っ込み思案でもない。自分で確かめながら一歩ずつ前へ行きたい子だ。その前に無理強いされることをとても嫌う。だから私の好みでこの子を急いで無理に引っぱったり、曲げたりしないで、タクロウの持っている育つ力を信じて応援できる親でいたい！　そう思った。


2歳の頃のタクロウのように、「自分はできるかな？」とこの子は様子を見ているのだなとか、ときには好奇心を抑えられず手を出したのだな、というように理解できれば、やみくもに無理強いをしたり、感情的に叱ったりすることを回避できるでしょう。

大切なのは、初めから批判的に観察せず、子どもの心に寄り添って観察することです。

あなたがこうすべき、こうしてほしいという思いはいったん棚上げし、「こんなことができるんだ」「こうしたいのにうまくいかないのね」「そんなに楽しいのね」というように良いところに注目し、共感しながら観察しましょう。そうするうちに、子どもへの尊敬の念も一層強くなるはずです。

2 適切な行動と不適切な行動

親の都合で子どもの行動を見ない

子どもの行動を観察していると、そこには親にとって好ましい行動と好ましくない行動があることでしょう。

アドラー心理学では、子どもの行動に対して「これは好ましい行動」「これは好ましくない行動」という見方をしません。

その代わりに「適切な行動」と「不適切な行動」と言います。といっても、親にとって好ましい行動＝「適切な行動」、好ましくない行動＝「不適切な行動」ではありません。

まず不適切な行動とはどんな行動なのか、お話ししましょう。不適切な行動とは、自分を含む、人や物を傷つけたり破壊したりする行為のことです。他者に暴力をふるう、他者を著しく傷つけることばを言う、物を故意に壊す、物を盗む、動物をいじめる、などがあげられます。

ただし、それだけでなく、そのことに関して親がどう感じ、どう対応し、子どもからどんな反応が返ってくるかを観察して、不適切な行動だと判断します。子どもの側からすると、誰かを対象にした――これを「相手役」と言います――ある意図に基づいた行動です。ですから、子どもが台所仕事をしているお母さんに向かって、「遊んで」ということは、程度問題では不適切な行動に入らないのです。

一方、適切な行動とは、それ以外の行動が適切な行動であると言えます。朝起きてくること、おはようと言うこと、ご飯を食べること、お母さんの顔を見てニッコリ微笑むこと、保育園、幼稚園、学校に行くこと等々、みなさんが「そんなの当たり前のことじゃないの」と思っていることはすべて適切な行動なのです。

実は子どもは1日を通して、ほとんど適切な行動をしているのです。その適切な行動には注目せず、親の好みや都合に合わないことばかりに注目し、なんとか親の思い通りにしようと躍起になっているのが、不適切な行動に注目している親なのです。

適切な行動、当たり前と思われている行動にしっかり注目してみると、小さな身体で一生懸命、生き生きと存在している子どもが愛おしくなり、尊敬の念も感じるのではないでしょうか。

次の文章は、妻が幼稚園教諭として働いていたときのあるエピソードです。

お弁当の時間に子どもたちがうっかりコップの水をこぼすというようなことはしょっちゅうあることでした。そのため、先生の私はそのときに使う子ども用の雑巾を何枚か用意しておきました。新しいクラスを持つたび、最初に誰かが水をこぼしたとき、子どもたちはいっせいに先生を見ました。

「先生、怒るかな？」

こぼした子どもを責める子、心配そうに見ている子、さまざまいる中、私はニコニコして「この雑巾で拭いてね」と雑巾を渡しました。「私も拭いてあげる！」と協力してくれる子もいます。こぼした子もほっとして拭き始め、責めていた子も「大丈夫？」などと言って手伝っていました。

その後、クラスでは誰かが水をこぼしても何事もなかったように雑巾を持ってきて自分たちで拭くようになりました。協力してくれた子どもには「ありがとう」を言い、こぼした子どもと「○○ちゃん、優しいね」と笑顔をかわしました。

うっかり水をこぼすことは不適切な行動ではありません。私たち大人でもうっかりやってしまうことです。子どもが自分で水を注ごうとしてこぼしたのなら、その行動を「チャレンジ」とみなすこともできます。

子どもが水をこぼせば後始末をしなければならないし、親にとってそれは好ましい行動ではないかもしれません。しかし、それは叱ることではありません。むしろ対処の仕方を子どもに教えるチャンスであり、子どもにとっては、今後どうしたらいいかを学ぶチャンスと捉えることができます。

叱られて不快な思いだけを残すのか、穏やかに対処法を教えてもらうことで自立のスキルと自信を得られるのか。その小さな積み重ねは、子どもの人格形成にやがて大きな差を生みます。ふざけていてこぼしたとしても、こぼしてしまったという結果から、叱らなくても子どもは「しまった!」と思います。

適切な行動を知らない場合がある

子どもが不適切な行動をするのは、適切な方法を知らなかったからということもあります。だとしたら頭ごなしに叱るのではなく、「この場でそれをするにはよくないよ」と教えてあげればいいのです。

その子の行動であなた自身や周囲の人が困っているようなら、「君のこの行為は周囲の人に迷惑だからやめてくれないかな」と伝えます。怒鳴ったり感情をぶつけたりするのではなく、子どもがわかる言葉を使って意見として伝えるのです。あるいは、お願いするのです。言われたことを理解すると、自分がしたことの影響に気づいてハッとする子もいるでしょう。

そして、「ねぇ、君、そんなことをすると終《しま》いにはこうなっちゃうんだよ。わかるかな？」と言うこともできるし、さらにこう付け加えてもいいでしょう。

「お母さんはもっといい方法を知っているんだけれど、それを知りたくない？」

これがアドラー心理学でのやり方です。ただ怒鳴られるから、怖いから、一時的におとなしくしているだけでは、子どもはきっとまた同じことをくり返します。なぜその行動が不適切なのかを理解すれば、子どもはそこでひとつ、成長できるのです。

そのためには、親は子どもがそうした行動に至った前後関係をよく観察していなければいけません。それを把握することで、同じ状況でより適切な方法を提案したり、子どもと一緒に考えたりすることが可能になります。

不適切な行動には目的がある

どんなに優しく話しかけても、子どもが暴れてしかたのないときはあるものです。

床にひっくり返って「あれ買って、これ買って！」と手足をばたばたさせながら泣きわめいたり、家の中でも「お風呂に入るのがイヤ」「幼稚園に行くのがイヤ」と駄々をこねたり……それが子どもの仕事だという人もいますが、そうではありません。これらの行動には目的があります。

いたずらをする、暴言を吐く、などの子どもの行動は、そうすることによって大人を動かす目的があるのです。欲しいおもちゃを買ってもらう、ジュースが飲める、幼稚園を休める、自分に構ってくれる、お小遣いをくれる……などなど。これらが実現すると、その子は不適切な行動をして人を操作するようになるでしょう。やがて、家庭内に留まらず、学校などで友だちや先生にもそうするようになってしまうかもしれません。

ここで大人がやってはいけないことがあります。それは、子どもに注目を与えることです。

試しに泣いて暴れている子どもを置いて、その場を離れてみてください。何も話しかけずに、静かにその場を離れます。最初は勇気がいるかもしれません。

自分を見てくれる人がいなくなった子どもは、ほどなくして泣きやみます。親という注目してくれる観客（相手役）がいないと、子どもがパフォーマンスをする意味がなくなってしまうからです。

叱られたり、叩かれたりすることは、子どもにとって不快なことであるはずなのに、親から無視されるよりは、叱られても叩かれても注目を得ることの方が重要なのです。なだめすかしたりすることも同様で、どちらもそれらをやっている限り、この子どもの行動は繰り返し使われることになります。

「アメとムチ」を使ってその場をなんとか収めようとする方法はどうでしょう？「今我

慢したら今度○○を買ってあげる」とエサをチラつかせたり、「いい子にしていないと怖い鬼がくるぞー!!」と脅したりして言うことを聞かせようとすることです。どちらも大人が子どもを動かしたい、操作したいときによく使う手法です。

しかし、その子が不適切な行動をやめるのは、アメが得られたときです。アメがなければいつまでも続けるでしょうし、今度はアメほしさに泣いたり駄々をこねたりするようになってしまいます。

したがって、子どもの不適切な行動には、次の4点を踏まえておくことが大切なのです。

---

①不適切な行動の前後関係をよく観察する。

②同じ状況での適切な行動の仕方を子どもと一緒に考える(「どうしたかったの?」「それならどうしたらいいかな?」と問いかける)。

③不適切な行動には注目しない(不適切な行動から自分が望む結果を得ていることに注意)。

④不適切な行動以外の、当たり前のことにこそ注目する。

脅しを使う子育ては子どもの勇気をくじく

脅して言うことを聞かせるのは、「勇気くじき」の一つです。勇気をくじく人には「恐怖で動機づける」という特徴があります。怖いから何かをやる、痛いから何かをやめるというふうに、恐怖を利用して人を動かすことです。

私自身、5歳前後の頃に苦い経験があります。

私が生まれ育った故郷では、旧正月に白装束の山伏が、法螺貝《ほらがい》を吹きならしながら街中を練り歩く行事がありました。その季節が訪れると、あるお手伝いさんがまだ小さかった私に「悪い子は山伏さんに連れて行かれるよ」と脅しました。私は、それをすっかり本気にしてしまったのです。

山伏が吹く法螺貝の音が聞こえてくると、家のいちばん奥にある部屋の押し入れに駆け込んで、こっそり「いい子になりますから、連れて行かないでください」と唱えていました。本当にいい子になろうと思ったわけではなく、恐怖から逃れたいだけだったのですが、強烈な体験でした。

今の子どもたちには「山伏に連れて行かれる」は通用しないかもしれませんが、時代を経ても何らかの恐怖の対象は形を変えながら存在していると思います。大人がそれを利用して子どもに恐怖を与えることは、典型的な勇気くじきです。

親子間に信頼関係があるならば、こんな脅しを使うことが愚かに思えてきます。不適切な行動に注目するのではなく、適切な行動、今まで当たり前と思っていた行動にこそ注目して、「おはよう！」「美味しそうによく食べるね」「自分で着替えたのね！」と声をかけて笑顔を向けましょう。すると、子どもは勇気づけられ、不適切な行動を用いて親の注目を引くことは自然に減っていくのです。

3 原因よりも目的に目を向ける

きょうだいげんかに対する親の関与

親がいるところで繰り広げられるきょうだいげんかの多くには、親の注目を得たいという目的があります。

親が注目を与え、叱ったり、止めようとしたりすればするほど、

「ママ、お兄ちゃんがぶったー」

「だって、こいつがボクのおもちゃを勝手に取ったんだ！」

と互いにアピールし、けんかは激しさを増すというのはよくあることです。

上の子は、親から「お兄ちゃんなんだから我慢しなさい」などと言われて理不尽な思いを味わい、下の子にとってはしめたもの、ということもよくあります。

どちらにせよ、子どもたちは親の注目を求めて、きょうだいげんかをくり返し、そのたびに親は振り回されます。


子どものころの私も、2歳上の兄に対して悪さをするのは親の前で、と決まっていました。私から兄にちょっかいを出し、度を越したいたずらを仕掛けているのは明らかなのに、父は「弟にこんなことをさせるお前が悪い！」と兄を叱るもので、私はすっかり味をしめていました。兄にとっては理不尽このうえないことで、今振り返ると、申し訳なさでいっぱいになります。

親がとるべき対応は、観客にも裁判官にもならないことです。

「ねえ、あなたたち、けんかなら外でしてね。ここにいたいなら、仲よくしてね。どっちかにしてちょうだい」とお願いし、それでもけんかをやめないようなら、親がその場を離れる。すると、子どもたちも途端につまらなくなって、決着がつかないままなんとなく収束します。親の注目が得られないとわかると、そのうちけんか自体もしなくなるでしょう。

けんかの目的は親の注目を得ることです。どちらかの味方にならないことを心掛けておきましょう。

タクロウが1歳4カ月のときのやりとりについて、妻は「成長の記録」日記にこんなことを書いていました。

午前中児童館へ行く、滑り台と平均台に夢中。途中、窓によじ登って外へ出ようとする。頭から落ちそうなったり、「出せ」とぐずる（特に危険はない窓）。「それはお手伝いできないの」ととりあわない。しばらくは追いかけてきて引っ張ったり、ぐずるが、とりあわないでいると、彼なりに考えて、違うことを始める。

そしたらまた一緒に遊ぶ。

けんかに限らず、子どもはとかく、自分の行動に親の関与を求めがちです。ここで親が安易に手を貸してしまうと、子どもには自立心と責任感が育たなくなります。親の決意と忍耐が求められる場面でもあるのです。

原因探しは解決にならない

不適切な行動には、親の注目を得たいという目的があるとお話ししました。アドラー心理学では、不適切にせよ、適切にせよ、人の行動には目的があると説いています。

子どもの行動に対して、「なんでこんなことをするのだろう？　私の愛情が足りないのかしら」とか「私がシングルマザーだから、子どもは寂しいのかもしれない」などと、原因を探り出すときりがありません。それにその原因が真実の原因かどうかもわからないのに、原因を探りながら自分自身を責めてしまう親御さんも少なくありません。

私は、日ごろから次のように力説しています。

「原因を探ることは説明にはなるけれど、解決にはならない」

原因探しは、自分を苦しめるばかりか、子どもとの関係を良好にすることにも寄与しません。

愛情が足りないのではなく、例えば、シングルマザーであろうがなかろうが関係なく、その子は、友だちとけんかしてイライラしている気持ちを聴いてほしいという目的で、元気のない様子をお母さんに見せていたのかもしれません。だとすると、お母さんが自分を責めるのはお門違いで、ゆっくり子どもの話を聴いてあげればよいのだとわかります。

お母さんの留守中に5歳の子どもがコップを割ってしまったとします。コップを見つけた場面で「なんでそんなことしたの!?」と言うより、「何がしたかったのかな?」と目的に着目してみましょう。すると、「お母さんがいない間に片付けてあげたかったの」「とても綺麗で手にとって見たかったの」と言うかもしれません。

割れたコップを見たとたん子どもを叱ってしまえば、子どもは「自分の気持ちなんて全然わかろうとしてくれないんだ」と絶望的になります。

一方、目的を理解して「片付けようとしてくれたのね。ありがとう。怪我しなかった?」

「そんなにこのコップが綺麗だなあと思っていたのね。今度はお母さんに触らせてって言ってね。怪我はなかった?」と言えば、「お母さんはわかってくれた!」とうれしくなって、親子の良好な関係が築けるはずです。

同時に、親自身も気持ちが落ち着いて、すぐに子どもに感情的にぶつかっていくこともなくなります。

4 子どもの好奇心に共感する

子どもの中から湧き上がる興味を大切に

子どもの行動の目的に着目すると、子どもを伸ばすチャンスが増えます。

赤ちゃんが手足やおもちゃを舐めるのは、舌によって自分の手足やおもちゃを認識することで、子どもの成長を促進することにつながります。大きくなるに従って複雑になっていきますが、子どもの行動のほとんどは成長のためにあると言ってよいでしょう。いたずらに見えるようなことでも、実は成長のチャンスだと気づけば、そのチャンスを奪うのではなく、少しでも多く体験させてあげたいと思うことでしょう。

幼いころから好奇心旺盛だったタクロウは、４歳になるとビデオデッキに関心を持つようになり、すぐに操作を覚えてしまいました。そのいきさつを妻は「成長の記録」日記に書いています。

４歳になるとビデオデッキに興味をもち、手の届かない高いところに置いていたのですが、テレビやビデオの手前に置いてあった夫の机の上に乗って触るようになりました。いたずらをしたいのではなく、好奇心いっぱいで自分も操作してみたいのです。私たちは机に登ることとそのものを禁じていましたが、タクロウの興味がそれを上回ったのです。私は散々悩んだ挙句、テレビとビデオに触るためだけなら机の上に登ってもいいことを話し、ビデオを触り始めると、黙ってこっそり様子を見ていました。タクロウは、今まで親がビデオを操作するのをずっと好奇心いっぱいで見ていたので、すぐに操作ができるようになりました。

5歳9カ月の頃の日記には、こんなことを書いています。

午前中はテレビで「巨大スッポン」「双頭ドラゴン」「巨大ナマズ」を捕まえるという、ちょっとインチキ臭いドキュメントを観て、途中からビデオに録っていた。

タクロウは「ドラゴンボール」「ポンキッキーズ」「スラムダンク」「くまのぷーたろう」だけは必ずビデオに録る。その他の番組は見ても見なくても執着はない。自分で曜日、時間を気にして、自分で決めたビデオカセットに、自分でセットして録画している。親に録ってと頼まないでさっさとやっている。

もしうっかり録り忘れても、親が関わってないので、「し、しまった！ ま、いいか……。しょうがねぇや……」と独り言を言うだけで、人のせいにしないので実にいい。自分が頼りなので、録画設定の仕方以外は、時計の見方、曜日、明日、明後日、しあさって、やのあさってなどの日にちの感覚が知らない間に身についていた。字も教えてないのに新聞のテレビ欄の見方も。やっぱり「やりたい！」必要に迫られると能力は伸びるんだー。

我が家の場合、こちらから何かをやらせるより、こうして子どもの中から湧き上がる興味、好奇心、やりたい気持ちを大切に育ててきました。

子どもは一日中、遊びの中から吸収しています。親が子どものためにすることは、邪魔をせず、遊ぶ環境を整えることでした。このことは、尊敬、共感、子どもの能力（誰もが生まれたときから持っている能力）への信頼があればできることです。

子どもの中から湧き上がる探究心を大切にし、成長に向かって親も共に喜びながら日々を過ごせたら、それが子どもを勇気づけることにつながるのではないでしょうか。

「聞く」「訊く」ではなく「聴く」を

子どもの中から湧き上がる興味を大切にし、好奇心に共感するためには、何が大切でしょうか。それは「聴き上手」になることです。

「聴」という字を使ったのには意味があります。「聞」でも「訊」でもないのです。

「聞く」は英語の「hear」で、耳に入るもの、聞こえるものを聞いている状態です。自分からそれをキャッチしようとするのではなく、無意識的、消極的、受動的な態度です。

子どもが話したいことがあって息せき切って学校から帰ってきたとします。「お母さん！　今日学校でね、今度の学芸会の出し物が決まったんだよ！」と嬉しそうに話しているのに、お母さんが半分スマートフォンに気を取られて「あら、そお……ふ〜ん……」などと、ちゃんと向き合って聴いてくれなければ、子どもの話す気は失せてしまうでしょう。

そんな状態が日常的に続いていたら、「どうせ真剣に聴いてくれないからいいや」と子どもは話さなくなっていくかもしれません。また、自分に興味を持たれていない虚しさを感じるようになるかもしれません。

「訊く」は英語の「ask」で、こちらの関心に沿って相手に質問をすることです。または相手を問いただす、尋問することも含まれます。

学校から帰ってきた子どもが、「テストが返ってきたんだけど……」「テスト？　あら何点だったの？」「今回はまあまあよかったよ」「なによ、まあまあなの？　○○くんは何点だった？　クラスの平均点は何点だったの？　だいたいあなたどのくらい勉強したの？　これならもっと取れるでしょう、これなら」。これでは、話を聞いてほしいどころか逃げ出したくなります。

これらに対して「聴く」は英語の「listen」で、相手の話に集中し、積極的に聴くことを意味します。一生懸命聴き漏らすまいと意識を傾けるので、とても能動的な態度といえます。

必要に応じて質問をすることもありますが、そのときも相手のペースを尊重します。話が少々止まっても、相手が言葉を選んでいたり、質問について考える時間を与えたりして待ちましょう。すぐに言葉を挟みたくなっても我慢します。

幼い子どもなら、うまく話せない気持ちを「こう思っているのかな？」と尋ねてみるのもいいでしょう。相手が興味を持っていることに関心をもって話を聴くので、相手はもっと話したくなるのが、この「聴く」です。

子どもの話を上手に聴く

聴き方の例を一つ示します。

夕方、子どもが走って帰ってきました。見ると服が汚れていますが、子どもは嬉しそうです。

「お帰り。なんだか楽しそうね」

「うん！　楽しかったー！　公園の砂場でみんなで協力してすっごい大きな山を作って、長いトンネルを開通させたんだ！」

「大きな山？　どのくらい大きいの？」

「このテーブルより大きいよ！」（手を広げて示す）

（同じくらい手を広げながら）「このテーブルより!?　それはすごいわね。大変だったでしょう？」

「そうなんだよ、大変だったんだよ。でも、みんなで協力したからできたんだよ。おれは水を汲んできてペタペタつけて固くなるようにしたら、みんながグッドアイデア！　って褒めてくれたの。最高に大きい山にしようぜ！　ってみんなで頑張ったけど、トンネルはもっと大変だった」

「そうか。トンネルも開通させたんだったわね？」「うん！　トンネルはね……」

と、会話が弾んでいます。

このお母さんは子どもの興味関心に自分も関心を持ち、子どもの表情や身ぶり手ぶりもよく観察して驚いたり、共に喜んだりと共感しながら話を聴いています。こうして話を聴いてもらえるのは、子どもにとっては、まるごと受け入れられているという大きな勇気づけになります。

子どもが喜んでいるときだけでなく、つらいときも、聴き上手は子どもの勇気づけにつながります。タクロウ3歳7カ月の幼稚園の年少のときのやりとりです。

幼稚園から帰り昼食を食べていると、急に思い出したように「お母さん、あのね」と言う。顔を見ると、ワッとこみあげるものがあるような、泣きそうだけれどこらえている顔。

「ターちゃん幼稚園でウンチしてたらね、タロウくん（一つ歳上のクラス）がターちゃんのズボンとパンツを持って行っちゃったんだよ！」

「それで、ターちゃんどうしたの？」

「ターちゃんお家へ帰ろうかなぁとか考えてたの。ずっと。でも、お家には帰らないで、河内おばちゃん（用務員さん）に言おうと思ったの」

「そう。それで、泣いちゃった？」

「ううん。泣いてなかった。でも、河内おばちゃんに言ったら、泣いちゃったの」

「そうだったの。それで？」

「ターちゃんがウンチしたとなりの部屋にズボンとパンツが落ちてたの」

「そう。多田先生（担任）に言った？」

「ううん、言わなかった。ターちゃんお尻拭こうと思ったらね、トイレットペーパーがなかったの」

「そうかぁ。じゃぁ、お尻ふいてないのね？」

「うん」

「じゃぁ、あとでお尻洗ってあげるね」

「うん。お母さん、なんでタロウくんあんなことするの？」

「ほんとだね。どうしてだろうね」

タクロウは一人でいろいろなことを考えたのね。意見をはさまずに聴いていると考えたことを正確に話せるようになっていて成長を感じた。話を聴くだけで充分なのだと思った。

共感と喜びをもって聴く楽しみ

我が家では、赤ちゃんのときからタクロウの話を共感と喜びをもって聴いていました。思春期の男の子は親と口を聞かなくなると言われていますが、思春期のときでも、たわいのない会話から真剣な会話まで、本当によくしてくれました。それは、「自分の親は、自分を一人の人間として尊敬と共感をもって、評価や批判をせず話を聴いてくれる」と信頼してくれているからだと思います。

家族の中で、いつも誰かが指示をしたり、誰かの批判をしたりしていては、顔を合わせたくなくなるものです。指示や批判ではなく、日常会話に共感やユーモアが多いと、家族の雰囲気はよくなります。

息子が３歳７カ月の頃のたわいない会話を、妻が日記に残していました。

我が家の冷蔵庫の調子が悪くなったとき。

タクロウ「ほらー、だから新しい冷蔵庫買えばよかったじゃなーい」

母「直る！　直る！　大丈夫！　そう簡単に言うけど冷蔵庫ってすごく高いんだよ～」
タクロウ「じゃあ、お父さんに買ってもらえば？　お父さんお金持ちなんだもん！」
母「ターちゃん、お父さんお金持ちだと思ってたの？　お父さんは普通だよ」
タクロウ「じゃ、お母さんは？」
母「お母さんはお金なし（笑）」
タクロウ「よし！　じゃあオレお金持ってるから（29円！　笑）買ってやるよ」
母「ありがとう！　でも、あれじゃぁ足りないんだよね……」
タクロウ「お金だれにもらうの？　神様？　サンタさん？」
母「神様はお金もってないんじゃない？　サンタさんもお金はくれない。お金はもらうものじゃなくて、稼ぐものなんだよ」
タクロウ「稼ぐってなあに？」
母「人の役に立つお仕事をすると、ご苦労様、ありがとう、ってもらえるの。お父さんも会社でお仕事してお金をもらうし、お母さんはおうちでご飯作ったり、お掃除したり、ターちゃんと楽しく過ごして、お父さんにご苦労様、ありがとうってお金をいただくの」
タクロウ「そうかぁ……。じゃあターちゃんもお仕事する。5歳になったら洗濯するゾ！　そして天井までお金いっぱいになったらワッショイ、ワッショイって冷蔵庫、運んでやるからな」

今読んでも楽しい会話です。

息子は小さい頃からよくしゃべりました。特に早期の知育教育をしたわけではありませんが、結果的にとても言語能力の高い青年に育ちました。これは、赤ちゃんの頃からタクロウの発する言葉を喜んで聴き、話しかけていたことが、何よりの知育教育になったのではないかと考えています。

このように、尊敬と共感と信頼の態度をもって聴くという姿勢があれば、子どもを勇気づけて伸ばすことができるのです。

5 親の要望の伝え方

「命令口調」よりも「お願い口調」を

子どもに静かにしてほしいとき、片付けてほしいとき、早く起きてほしいとき、どんな言葉で伝えていますか?

「うるさい! 何回言ったらわかるの?!」

「また、やりっ放し! さっさと片付けてよ!」

「毎朝、毎朝! 遅刻したって知らないからね! いい加減にしなさい! 遅刻するよ!」

こんなことを1日に何回も言われたとしたら、たとえ自分が悪いとわかっていても、素直に従う気持ちにはなれないものです。

自分の子どもには激しい口調で責め立てる人も、友人や目上の人にものを伝えるときは、けっしてこのような言い方はしません。

でも、尊敬の心に立ち返って考えてみてください。たとえ人生経験が少ない未熟な子どもであっても、一人の人間としての尊厳は大人と変わりません。「自分の子どもだから」といって、乱暴な言葉を吐いてもいいということにはならないはずです。

子どもに対して尊敬・信頼の気持ちがあれば、静かにしてほしいときには、命令口調ではなく、こんなふうにお願いをします。

「楽しくしているときに悪いけれど、もう少し静かにしてもらえると助かるんだけどな。協力してもらえるかな？」

そして、静かにしてくれたら、協力してくれたことに対して必ず「ありがとう。とても助かるわ」と感謝も忘れません。

もし協力してもらえなかったとしたら、そこには何か目的があるのかもしれません。騒ぐことで親の注目をひいていたり、具体的にどうしたらいいのかわからなかったりするのかもしれません。注目を引いているのなら、その場を離れ、どうしたらいいのかわからないようなら、違う遊びを提案してみたりすればよいでしょう。

片付けについても「片付けてほしいんだけれど？」とお願いしてみましょう。

「あとでやるよ」と言うかもしれません。そんなときは子どもを信頼して、「よかった。

あとで片付けてくれるのね。ありがとう」と、子どもの都合も尊重することが必要です。

人にものを頼むときの4つのパターン

人にものを頼むとき、次の4パターンの頼み方があります。

①相手を傷つけずに、自分の要求を受け入れてもらう（主張的な頼み方）
②相手を傷つけないために、自分の要求を引っ込める（非主張的な頼み方）
③相手を傷つけてでも、自分の要求を通そうとする（攻撃的な頼み方）
④相手を傷つけ、自分の要求もあきらめる（復讐的な頼み方）

それぞれの例をご紹介しましょう。

①主張的な頼み方

親「片付けてもらえると助かるの。お願いします」
子「いいよ」

親「ありがとう」

②非主張的な頼み方

親「片付けてもらえるかな？」
子「やだよ」
親「しかたがない……。私がやるしかない……」

③攻撃的な頼み方

親「また散らかして！　片付けてちょうだい！」
子「やだよ！」
親「やだよじゃないわよ！　さっさと片付けなさい！」
子「うるせーな」
親「何回言ったらわかるの！！　いいから片付けなさい！　だらしない！」
子「ちっ、片付けりゃいいんだろ、うるせーな……」

④復讐的な頼み方

親「また散らかして……。片付けてちょうだい！」
子「やだよ」
親「やだよじゃないわよ！　さっさと片付けなさい！　ぐずねぇ」
子「うるせーな」
親「うるせーですって!?　もう、いい！　あんたをあてにしたのが間違いだったわ。その代わり、もうおもちゃは買わないからね！」（……と自分で片付けだす）
子「なんだよ……」

もちろん言葉だけではなく、声の大きさやトーン、表情、態度によって、相手の感じ方は変わります。要は、日ごろの親子関係が、子どもへの頼み方にも反映されるのです。お互いが相互尊敬・相互信頼でつながっていれば、自ずと相手を傷つけずに自分の要求を受け入れてもらう主張的な頼み方ができるようになるでしょう。

ただし、子どもの側からすれば、親が主張的になるときは、子どもはそれを受け止める立場になります。親の子どもに対する要求は、すべてが叶えられるわけではありません。時には子どもが要求を受け入れてくれないことがあることを、親は了解しなければなりません。あなたが子どもの要求をすべて飲めないのと同様に、子どももまた親の要求を飲めないときもあるのですから。

赤ちゃんにも聴く能力がある

まだ赤ちゃんの段階であっても、子どもは親のお願いを聴く能力がちゃんと備わっているものです。

「まだ赤ちゃんだから無理」「親の言うことはわからないに決まっている」と勝手に捉えないでください。親がその能力を信じていないだけで、赤ちゃんでもかなりのことを理解することができます。

妻が子育てに少々疲れを見せていたときの妻と私のやりとりです。

―― タクロウ8カ月 ――

夜帰ってきた夫に、「1日中ターちゃんを抱いて家事をしてたから、夜はもうくたくた」と言うと、夫がはっとすることを言ってくれた。

「ターちゃんがぐずったりしたら必ず抱いてやらなければいけないと思うのは、僕は違うと思う。タクロウはもう、ハイハイという手段で目的のところへ行く、目的に合った手段の行動を取れるんだ。だから、大人の都合に協力してほしいときは、きちんと頼み、『協力してくれてありがとう』と勇気づけることが大切だと思う。どうしても手が離せない仕事をしてるときは、「あと10分待っててね」とお願いし、ターちゃんが泣いていても注目しない。そしてあとで「ありがとう。おかげでお仕事できたよ」と言おう。彼は協力することを必ず学ぶよ。でもすぐになんでも応じてしまっていたら、彼は学ぶチャンスを失い、お母さんはなんでも言うことを聞いてくれる奴隷になってしまう。協力を学び、自立し、貢献できる子になるんだよ。彼は協力できるし、一人でもよく遊んでいるよ」

本当にそうだ！　素敵な軌道修正のチャンス！

我が家では、「子どもには通じないだろう」と勝手に決めて、子どもの素振りに何でもかんでも反応するやり方をしませんでした。それをやってしまうと、子どもは素振りや、ときには涙を使って親を操作することを学んでしまいかねません。

子どもは言葉がしゃべれないから、大人の話がわからないだろうと決めつけないでください。子どもの受信能力(聴く力)は、発信能力(話す力)よりもずっと先行していて、大人の想像以上のレベルに達しているのです。それを我が家で実感したのは、妻とタクロウの次のやりとりです。

タクロウ10カ月

台所の棚の下の物をよく出しているが、触ってほしくないものに手をかけたとき、タクロウに手を合わせて「お願い！　それ、出さないでくれる?」と頼むと、ジッと私の目を見ていて、ぱっと止め、それから今日1日、一回もそれには触らなかった。「触らないでくれてありがとう」と言う。

6

対等で温かい親子関係にするために

子どもの交渉に応じる

子どもに対し、尊敬、共感、信頼を込めて親が対応していると、子どもに自立心と責任感が芽生えてきます。

幼いうちから時間の感覚を身につけていたタクロウは、4歳7カ月ですでに時間を守る子どもに育っていました。妻は、「成長の記録」日記にこんなことを書いていました。

一人でうちの隣の神社へ行き、けんちゃん（小学1年）、けんちゃんのお兄ちゃん（小学3年）、ゆうたくん（小学1年）、ゆうたくんのおじいちゃんと遊ぶ（みんな2歳になる前から遊んでいた子たちだ）。

「6時の音がなったら帰ってきてね」と言うと、迎えに行かなくてもちゃんと帰ってきたので「お母さん、嬉しい！」と言うとタクロウも嬉しそうだった。

さらには、自立的になると共に、要求をしっかりと伝えられる子どもになりました。

タクロウ5歳7カ月

夜、乙女山公園にホタル鑑賞に行くのでお昼寝をする。お父さんが帰ってくると寝ボケながら『トイレの花子さん』（ビデオ）買って！」と言う。お父さんはなんのことやらわからない。午前中、友だちと怖い話で盛り上がって「トイレの花子さん」が急にものすごく欲しくなってしまったのだ。「それより、ホタル観に行くんだったよね。行こう！」と言うと、寝ボケていたのもあってぐずり出す。

「タクロウ、きちんと頼まないとお父さんわからないよ。ちゃんと聴くから、お父さんにもわかるように話してくれるかい？」

そして、「それはいくらなの？」「わからない」「じゃぁ、調べようね。5千円以下なら買ってもいいけど、5千円以上ならあきらめてくれるかい？」「わかった。いいよ。でも、ホタルの前に行く」「それはできないなぁ。だけど、ホタルの途中にもしもビデオ屋さんがあったら覗いてみようか？」とのやりとりの末、

話し合いがつくと「お父さん！　ありがとう！」と言った。

お父さんはビデオが急に欲しくなったことを責めたり、頭ごなしに反対したりせず、タクロウの話に耳を傾け、親の考えは押し付けずに意見として伝えていました。


タクロウは欲しいものがあれば交渉することを学びました。例えば幼い頃のおもちゃから高校入学直前の携帯電話まで、前もって自分で値段や料金設定を細かく調べ、なぜそれが必要かをプレゼンします。お互いに意見を述べ合うので、仮に交渉不成立になっても、少々面白くないものの相手の意見に納得しているので不機嫌な態度をとったりすることはありません。携帯の時は、ならばもっと低い料金設定はないかと、他の友人のように使い放題を使えなくても自分が本当に必要な設定は何かを考えて料金をそぎ落とし、交渉に交渉を重ねて合意に導きました。

現在のタクロウはプレゼン能力が高く、周りからも評価されているようです。プレゼンのための調査、資料作り、プレゼン能力、交渉術は幼い頃から養われたものだと思います。

怒りをコントロールする

子どもとの関係は、すべて順調にいくとは限りません。たいていの親なら、子どもの行動に怒りを爆発させたくなったことがあるでしょう。子どもからの要求に関しても、「えっ？　何を考えているの!?」と思うときもあるでしょう。

こんなときに親が一方的に感情を爆発させても、よりよい親子関係には結びつきません。怒りの感情はコントロールがむずかしいものですが、その根底には、不安や落胆、さみしさ、悲しみなどの一次感情が隠れていることを知っておくと便利です。つまり、怒りを感じたとき、その裏には別の感情が隠されているのです。怒りとは、その別の感情（一次感情）を誰かに向けて使うための二次感情なのです。

例えば、子どもが門限を大幅に超えて家に帰ってきたとします。

「何時だと思っているの！　いい加減にしなさい！」

という怒りは二次感情です。じつはその裏には、「帰りが遅いけど大丈夫だろうか？」という、子どもの身の安全についての不安や心配という一次感情があります。この一次感情が、怒りという二次感情を引き起こしているのです。

ですから、子どもには怒りをぶつけるのではなく、その裏にある一次感情を伝えるとよいでしょう。

「帰りが遅いから、事故に遭ったんじゃないかって、とても心配したのよ」

この感情に気づくと、怒りが収まり、本当に伝えたい感情が子どもの心に届き、子どもも「お母さんを心配させて悪かったな」と素直に感じられるのです。

一次感情をうまく使うと、お互いの関係改善のための話し合いも、お互いが感情的にならずに話ができるようになります。

これは大人でも、夫婦間や職場で役に立つ考え方です。また、子どもが対人関係で怒りの感情を出してしまうようなときに、子どもの一次感情を拾って伝えたり、怒りの表現に代わる別の言い方を教えたりすると、子どもは、先にお伝えした「主張的な頼み方」ができるようになったり、感情処理が上手になったりします。

以下はタクロウの3歳1カ月のときの妻の「成長の記録」日記です。

――タクロウが砂でつくったものをケイくんが壊した。ケイくんのお母さんと「こ

れは怖いぞ〜」と見ていると、タクロウが頬を紅潮させ、

「バカヤロー！　壊したからバカ！」

と怒鳴った。

「タクロウ、くやしかったね。わかるよ！　けど……どうかな……バカって言ってケイくんにタクロウの気持ちわかるかな？」

ケイくんは、バカヤローに反応して「バカって言ったからバカ！」と怒っている。

「ね、バカって言ってもバカって言われるだけだね。ターちゃんはどうしてほしかったの？」

「壊さないでほしかった！」

「そうかぁ。じゃあ、バカって言うよりも、壊さないでほしかったって言ったらどうかな？」と私が言うと、泣きそうだけれど、プライドで泣くまいとする顔で「壊さないでほしかった！　もー！　壊しちゃダメ！　ターちゃんがつくったんだぞ！」と言った。

そう言われて、ケイくんは不利になったので逃げることに決め、公園の隅に逃

げて行ってしまった。タクロウは地面を蹴散らして怒りを発散させていた。その顔は少年みたいだった。怒りを抑えこむことはないと思う。こうやって学べばいいと思う。

子どもにいつも感謝を伝える

良好な親子関係を築くために、感謝の言葉ほど効果が出る言葉はありません。

私たち夫婦は、タクロウが妻のお腹に宿ったときから常々「ありがとう」と、感謝の言葉を言ってきました。

タクロウが1歳2カ月のときに妻は、こんなことを「成長の記録」日記に書いていました。

引き出しから、オムツを出してまき散らかしてしまう。

私はしまい始めて「ターちゃーん、あそこの持って来てくださーい。ありがとう！」「今度は向こうのもお願いしまーす」「あら！　上手に引き出しに入れてくれたのね！　ありがとう」「じゃー引き出し、エイッてしめてね」「はい、ありがとう！」で、叱ることなく笑顔でオムツまき散らしにピリオド。

感謝は、尊敬の気持ちがあれば、自然に出てくる言葉ではないかと思います。テーブルの上の何かを手渡してくれれば、「ありがとう」。お茶を入れてきてくれたら「ありがとう」。「生まれてきてくれてありがとうね」も日常でよく言います。面白い話に限らず、言いにくい話や、悩みごとを話してくれたら「話してくれてありがとう」。

次のエピソードは、タクロウが４歳１カ月のときのやりとりです。

嘔吐下痢症で昨日から絶食。でも今日の2時くらいになるとお腹が空いてきたようだ。葛湯を作ってあげると、「ありがとう、お母さん」と泣きそうな声で言う。私も遅い昼食にとパンを食べていると、葛湯を飲み終わったタクロウは私の一挙一動をじっと見て、涙をためて「おかあさん、ターちゃん一口でいいから食べたいの」と言う。わけてあげると、また泣かんばかりに「お母さん、ありがとう」と言って、よく噛んですごく美味しそうに食べていた。

「ありがとう」は、言われてみると、とても勇気づけられる言葉です。「ありがとう」と言った方も勇気づけられます。相手を勇気づけると、自分も勇気づけられるからです。

「ありがとう」だけではありません。「いただきます」「ごちそうさま」「行ってきます」「行ってらっしゃい」「ただいま」「おかえりなさい」「ごめんね」……それらは感謝の言葉ではありませんが、勇気づけになります。

我が家では、誰もがこれらのことばをごく当たり前に口にしています。私が仕事から帰ってきて玄関が開く音がすると、家の中から息子の「お帰りー！」という大きな声が聞こえてきました。たまに嫌なことがあった日でも、「お帰り！」と大声を出してくれていました。声の調子が元気なのは嬉しいものです。

息子が社会人になってからは、勤めで遅くなった息子に「お帰り」と私から声をかける日が増えましたが、「ただいま〜」と応えてくれました。

出かけるときは、家にいる者が、そのときやっていることの手を止めて、玄関で、そして走って行って窓で「行ってらっしゃい！」と手を振って見送ります。

大人も子ども関係なく、間違えたり、誤ったことをしたりしてしまったら、すぐ「ごめんね」と言います。

子どもに対してはもちろんのこと、夫婦でもごく自然に「ありがとう」を言い合っているのを子どもは見ています。


年配の男性で「ありがとう」なんて今さら言えないという人がいますが、若いみなさんには簡単なことだと思います。さっそく「ありがとう」を言ってみてください。日常の中にはこんなに感謝できることがあふれているのだと驚くことでしょう。

子どもを授かったことも、育児に悩むことでさえ人間として成長するチャンスです。ものごとがスムーズにいかないことや、あなたのやりたいことを阻むものであっても、その存在のおかげで問題解決に向かって試行錯誤のチャンスをもらえたことを意味します。

バギーの中の我が子に微笑んでくれる人、不器用でも家事にチャレンジしてくれる人、疲れたときの1杯のお茶、今日も朝を家族で迎えられること……。勇気づけの家族には「ありがとう」はじめ、感謝があふれています。

第3章

体験こそ子どもの最大の教師

子どもは体験から学びます。子どもが自分から興味関心を持ったことに対して、親の都合でそれをさせないことは、子どもから貴重な学びの機会を奪うことに他なりません。この章では、子どものやる気を高め、失敗も挫折も成長のチャンスにしていけるような親の対応法について解説します。

1 自立心と責任感を育てるために

体験の機会を奪う過保護と過干渉

子どもの自立心と責任感を損なう親の対応が、「過保護」「過干渉」と言われる行為です。厳密に言うと、「過保護」と「過干渉」には次のような違いがあります。

過保護……子どもが求めていることに対して必要以上に親がサービスを提供すること

過干渉……子どもが求めていないにもかかわらず、口出しすること

過保護の例としては、子どもが宿題を見てほしいと依頼したことに対して、宿題を見るだけでなく「この本を読んだ方がいい」と、参考書を買い与えるようなケースです。いわゆる「過剰サービス」です。このことを繰り返していると、子どもは依存的になり、親のサービスを受けることが当たり前になってしまいます。

過干渉は、自分なりの方法で勉強をしたいと思っているのに、親が勝手に塾を決めてき

てしまうようなケースです。子どもは塾に行きたいという欲求がなかったにもかかわらず、「押しつけサービス」のように、親の意向で干渉してしまうことで、子どもとの関係が悪化します。

そもそも親の立場からすると、子どもが直面する課題の大部分は親が体験してきたことなので、どう対処したらいいかが見えています。それだけでなく、自分が体験してきたこと以上を子どもに望みがちなので、自分の理想を押し付けることにもなります。

過保護・過干渉に共通することは、子どもが自ら体験する機会を奪ってしまうことです。

親であるあなたも子ども時代を振り返ってみると、初めて体験するときは、ぎこちなく、自分でも戸惑いを感じていたはずです。でも、その体験を通じてその後の創意工夫や改善の芽ができていたのではないでしょうか。

体験したことの結末から学ぶ

アドラー心理学では「体験こそ子どもの最大の教師」と受け止めています。

別の言い方をすると「体験に勝る教師なし」ですが、あなたの体験を振り返っても、うまくいった体験もあれば、失敗に終わった体験もあるでしょう。どちらもあなたの学びにつながっています。

我が家では、好奇心の強いタクロウにできるだけたくさんの体験の機会を与えました。次の日記は、タクロウが1歳になったばかりの頃の記録です。

この頃なんでもやりたがり、手を出させない。振り払う。例えば……。

ビールの栓抜き、ビール注ぎ、ドアの開閉、靴・衣服の着脱、ゴミ捨てのときゴミ袋を持つ、スーパーの帰り買い物袋をさげる、風呂で自分の身体を洗う、風呂の蓋を閉める、排便後おしりを拭く、電話、何かを出したりしまったりする、ポストに手紙を入れる、CDをかける……などなど。

だから、私にやってと言うまで任せておく。逆に手伝ってもらったり、もっとやる機会を増やしている。もちろんリスクを覚悟の上で。

「1歳の子に、こんなに体験から学ぶ能力があるはずがない」と思う人がいるかもしれません。しかし、第2章で学んだように、子どもの体験から学ぶ能力は、子どもの受信能

力(聴く力)と同様に大人の想像を上回っています。

タクロウは体験から学び、その後の創意工夫に生かしていました。

たとえば、私がビールを飲もうとするときにグラスに注いでくれる際、グラスを倒してしまったことや、泡がこぼれ出してしまう失敗が何度もありましたが、やがて泡の量が適量になる注ぎ方を学びました。

ビジネスの世界では、仕事の進め方としてプラン(Plan、計画)―ドゥ(Do、実行)―チェック(Check、点検)―アクション(Action、是正措置)ということを教えます。

それまで未体験だった子どもは、ドゥ(Do、実行)が最初です。その後のチェック(Check、点検)、アクション(Action、是正措置)を通じてプラン(Plan、計画)の予測能力が育ってくるのです。それを何回も繰り返すうちにプラン(Plan、計画)―ドゥ(Do、実行)―チェック(Check、点検)―アクション(Action、是正措置)のサイクルが確立し、その過程で子どもの自立心や責任感が生まれてくるのです。

ただし、子どもが体験から学ぶとしても、何でもかんでも体験すればいいということではありません。子どもが自分自身の身体にダメージを与えそうなとき、あるいは他者を傷つけてしまいかねないときは、それなりに介入する必要があることは言うまでもありません。

失敗は成長のチャンス

子どもが体験することの結末からたくさんのことを学んでいるとしたら、失敗もまたさまざまなことを学ぶチャンスと考えられます。

子どもが初めて体験にドゥ（Do、実行）したり、慣れない体験に自分なりにプラン（Plan、計画）－ドゥ（Do、実行）－チェック（Check、点検）－アクション（Action、是正措置）のサイクルで臨んでみたりする中で、失敗をすることはかなりあります。

それでも、子どもは、失敗を繰り返しながら成長していきます。失敗をするから、違うやり方を考えたり、今度こそは工夫を加えたりすることで新たな意欲を持つからです。

失敗は第一に、チャレンジの証です。失敗するのは嫌だからやめておこう、失敗したら怒られるからやめておこう。そう考えてチャレンジをやめてしまうのではなく、果敢にチャレンジする気持ちを育てたいものです。

子どもが見よう見まねで親のためにこっそりお茶をいれようとしてお茶葉を撒き散らし

てしまった。

子どもがサッカーの試合で何度もゴールをはずしてしまったから試合に負けてしまった。

そんな失敗をしてしまったときに、

「なんでそういうよけいなことしてくれるのかなぁ！　お母さんの仕事これ以上増やさないでよ！」。

「なんであそこでシュートを打つんだよ！　あそこは、パスだろ？　何度も何度もはずしてみっともない！」

子どもは、自分のした失敗、それだけで十分傷つき、子どもなりに反省しているはずです。その上にこんな言葉を浴びせかけられたら、またチャレンジしてみようという意欲を削がれてしまいます。


失敗は第二に、学習のチャンスです。失敗を通じて、いろいろなことを学ぶことができます。

子どもを尊敬、共感、信頼する親なら、失敗したときこそ子どもを勇気づけます。

「お茶を入れてくれようとしたのね。ありがとう。このお茶缶はフタが硬いからね。一人でかたづけられるかな？　やり方がわからなかったら言ってね」

「あきらめないで何度もシュートを打ったんだね。いつも一生懸命練習しているし、その気持ちはきっと次につながると思うよ！」

また、「今度同じことをするとしたら、どんなことに注意したらいいのかな？」と問いかけることもできます。

失敗に対して「あの子はかわいそう」と同情することはありません。子どもがチャレンジしたことに共感し、「ショックはあったかもしれないが、あの子には耐える力がある。それ以上に貴重な学びにつながる」と信じて、尊敬の念をもって見守ることが勇気づけになるのです。

お手伝いは貢献感、自己肯定感を育てる

子どもの体験の中には、他者の役に立つ行為があります。お手伝いは、その最たるものです。

お手伝いというのは、子どもを家族の立派な構成員と認め、子どもに役割を与えること

で責任を学ぶ機会を与えることです。信頼されていることが伝わるので、子どもは勇気を得て、役に立とうと思います。

お手伝いを頼むときは、親の一方的な都合で頼むのではなく、話し合いのもとに決めるのがよいでしょう。

今すぐ、卵を買ってきてほしいというようなお手伝いのときは、親の都合と子どもの都合がぶつかって言い争いになることがあります。頼む側は、丁寧にお願いすることが求められます。

また、断られることを受け入れる覚悟も必要です。受け入れられなかったからといって「何よ！　今手が離せないって、ゲームしてるんじゃない！　ホントに役立たずなんだから！」などと言っていれば、子どもは「これからも絶対協力なんてしない！」と思うことでしょう。

「ゲームがいいところなのね。しかたない。お母さん買いに行ってくるからちょっと夕飯が遅くなるけどがまんしてね」と言えば、今度は協力しようかなと思うかもしれません。

子どもが小さい頃は、子どもが好奇心を満たすために親のやっていることを真似してみたり、手を出してきたりすることがよくあります。子どもには親の役に立ちたいという意識はないかもしれません。親としては、さっさとやってしまった方が楽なところです。けれど、それは子どもが好奇心を満たしながらスキルも身につけ、貢献する喜びを知るチャンスでもあります。

初めはお母さんの仕事を増やされているようでイライラするかもしれません。少し時間の余裕があるときに「やりたいのなら、こんな風にやってもらえるとお母さん助かるなぁ」「手伝ってくれるのね、ありがとう」と言いながら、やり方を教えてあげるとよいでしょう。

好奇心旺盛だったタクロウは、母親がやっていることに自分も関与したくてたまらないようでした。彼の3歳11カ月時、妻の日記にこんなやりとりが書かれていました。

「カップ一杯、200ccの水を汲んでね」なんていうのも理解できるようになった。絹さやの筋取り、ニンジンの皮むき、野菜切りもできるし、角材をノコギリで切ることもできるようになった。絵の具も、タクロウが出しやすいように棚に置いてあるので、全部一人で用意し、混色したりして楽しんで、汚れた床も雑巾

で拭く。卵かけご飯なら全部一人で用意して食べられる。留守番、おつかい、お風呂に入る、一人でできるね。「ターちゃんが！」(ターちゃんがやる、の意味)「ターちゃんが！」をずっとやらせてあげてたら、ターちゃんにやってもらえるようになっていた。

お手伝いの機会を通じて、子どもは自立心と責任感を身につけ、周囲から感謝されていることがわかると、「自分は役に立っている」という貢献感が備わり、あわせて子どもの自己肯定感も高まってくるのです。

2 子ども自身が体験から学ぶ

不適切な行動に注目しない

子どもは体験から何を学ぶのか。このことを、もう少し詳しく見ていきましょう。
第2章で「適切な行動」と「不適切な行動」を学びましたね。

日ごろから子どもの適切な行動に関心を持って対応していれば、ほとんどが適切な行動になりますが、不適切な行動がなくなるわけではありません。

我が家でも、子どもの自我の目覚めと共に親を困らせる行動がありました。

タクロウが2歳10カ月のときの食卓での一幕を妻の「成長の記録」日記から紹介します。

夕食時、タクロウのお腹がいっぱいになったこともあって、スプーンをポーンと投げる。お父さんが「拾ってくれますか？」と言うと、挑戦的な顔で今度はフォークを投げ、茶碗にも手をかけようとしたので、2人でサーッと片付けると、ギャーと泣き、「食べたい、食べたい」と叫んだ。

今日は、お父さんと打ち合わせてアドラー心理学に則って対応することにした。お父さんが「君ができるようになったら食べようね」と言って、後は泣こうがわめこうが放っておいた。

いつか泣き止み、一人で遊び、そのことには、お互いに触れなかった。

子どもは、親の注目を引くために不適切な行動をすることがあります。この段階で親が

子どもの行動に注目して、口うるさく言い、スプーンやフォークを拾って洗い、子どもに渡すと、子どもはまたスプーンやフォークを投げ捨てるようなことが続き、このことが食事時間中繰り返されるようになることもあります。

そこで、親は子どもの不適切な行動には注目しないようにします。すると、子どもは、スプーンやフォークを投げ捨て、それを自分で拾わなかったら、ご飯を食べられないという結末を自ら味わうことになります。子どもは、自分の行動によってどんな結果になるのか、体験から学ぶことができるのです。

食卓での出来事を、もう一つご紹介しましょう。先ほどの例の翌日の話です。

昨日のことがあったからか、食事中にマナーが悪いときは「もう1回やったら退場ね」と言うと、やめる。夕方から寝てしまい、私と俊憲さんが夕食を食べているると目が覚め、「お母さん、一緒に寝てー」と泣きわめいた。実は毎朝、うまく目覚められないとそれをして困っていた。今日もお父さんと考え、「一緒に夕食を食べよう」とだけ声をかけ、放っておいた。意識的に泣くので、二人で書斎に行ってしまうと、しばらく断続的に様子をうかがいつつ泣き、足をどんどん鳴らしたりしていたが、突然、走ってきて抱きついてきた。お父さんが「あ！　来てくれたね。よく来てくれた。一緒にご飯食べようね、一緒に食べられてうれしいよね。ね、お母さん」「そうね、二人じゃ淋しいよね。たーちゃんと一緒のほうがいいよね」と言う。

タクロウはうれしそうに椅子に座り、楽しく食事をした。タクロウにとって、特にお父さんの歓迎はうれしかったようだった。

子どもが自分に注目を引きつけようとして泣きわめいたときには注目せず、子どもが食事に参加するという適切な行動に注目した対応法でした。

自然の結末と論理的結末

アドラー心理学には、体験から学ぶ子育ての方法として「自然の結末」と「論理的結末」という考え方があります。

自然の結末とは、例えば雨が降りそうなのに傘を持たずに出かけてしまったために、途中で雨に降られて困った、というような体験です。このとき、雨に濡れながら目的地に向かうのか、雨宿りして約束の時間に遅れるのか、あるいはお小遣いをはたいてコンビニで傘を買うのか、近くの友だちの家を訪ねて傘を借りるのか、傘を持って出なかったということに対する何らかの行動をとる必要が出てきます。このような自然の結末を体験することで、子どもは「次に雨が降りそうな日があったら、傘を持って出ないといけないな」と学ぶのです。

仮に、毎回お母さんが「今日は傘を持っていきなさい」「今日は傘はいらない」と指示していたら、たまたま傘を持たない日ににわか雨に出くわせば、「お母さんが傘を持たせなかったからこんな目に遭った」と、お母さんの責任にしてしまうかもしれません。

もちろん、「子どもの年齢や発達段階に合わせて」が前提ですが、自然の結末によって子どもは自分の行動の責任は自分で取らなければならないことを学ぶのです。

親の干渉なしで子ども自身が自分の行為の結末を自分で体験するのが「自然の結末」だとしたら、子どもが実際に行動に移す前に、関係する家族の間で話し合いを持ち、合意に達したら、その行為の結末について、子どもに責任を引き受けてもらうのが「論理的結末」

です。

論理的結末で重要なことは、親子間の事前の話し合い、取り決めに基づいて子どもが行動する際に選択肢を与えることです。たとえば、お母さんが居間で本を読んでいたとします。そのとき、兄と弟がけんかをすることが頻繁にあり、そのことを巡って事前にけんかをするときは外ですることを合意していたとします。

その日もけんかが始まりました。お母さんを巻き込ませようとする気配も感じられます。そんなときに、「ねえ、あなたたち、けんかをするときは外でと決めていたわね。だから、けんかをするなら外でしてくれない。この部屋にいるときは仲良く遊んでね。どっちにする？」。

親子間に信頼関係があるならきっと、子どもたちはふっと我に返って、けんかを中断することでしょう。

親子間で相互尊敬・相互信頼の関係が確立し、その中で論理的結末が日常化してくると、さまざまな課題について子どもが行為の結末を自分自身で引き受けるようになり、食事時間を巡っての親子間の言い争いもなくなってきます。

次のケースは、タクロウが5歳8カ月のときの食事を巡るエピソードです。

昼食が遅かったからか、夕食を食べたくないとのこと。ご飯のことでもめるのは嫌なので、何度か呼んでもこなくて、片付けられてしまったとしても仕方ない、親子で言い争うよりいいものね、と前にタクロウと話し合っていた。

何回か呼んでも「いらない」と言うので、お父さんと二人で食べた。夜、お風呂から出て「おにぎり作って」というので「お母さんのレストランはもう終わりましたよ〜」と言うと、ぐずぐず言い始めたが、「じゃあ自分で作る!」と彼は言い、「それはターちゃんの自由だよ」と言うと、たらこと海苔を出してきて手巻き寿司にして食べていた。

アドラー心理学では、家庭のルールを社会のルールと一致させることを目指します。もし、夜の9時閉店のレストランに8時50分に入ろうとし、「今から食事を出してくれ」と言っても、おそらくほとんどのお店からは「ラストオーダーは終わっています」と言われ、注文ができないでしょう。

家庭でも同じなのです。社会のルールから逸脱したルールを家庭で通用させていたら、子どもはきっと、自分がもっと大きくなっても、学校や職場で家庭と同じような処遇を受けることを当然だと思うようになります。

このように、子どもに社会のルールから外れたことを家庭で味わわせてしまうことを「甘やかし」と言い、子どもの自立心と責任感を損うことにつながるのです。

3 子どものやる気の育て方

「外発的動機づけ」とは

子どものやる気を育てる方法に「外発的動機づけ」と「内発的動機づけ」があります。

外発的動機づけは、他者がアメとムチ（賞と罰）を使って子どもの行動を操作するやり方です。親が望む行動をした場合にはアメ（賞）を与え、子どもが親の望まない行動をした場合は、ムチ（罰）を使います。

たとえば子どもがテストで100点を取ったとします。そんなときに、「100点を取ったんだから、今日はすき焼きにしましょう」と、普段より食事をランクアップするような場合です。また、「今度100点を取ったら、好きなゲームソフトを買ってあげるよ」と、アメ（賞）を期待させつつ、子どもを操作しようとする対応法もあります。

このやり方をすると、子どもはアメ（賞）欲しさに一生懸命取り組むかもしれませんが、アメ（賞）がなくなったり、期待以下だったりすると、とたんにやる気を失うかもしれません。何よりも、子どもの行動を観察しアメを与え続ける親の存在がなければ、成り立たないところが難点です。

アメ（賞）の裏返しのムチ（罰）の例は、私たちの周囲にたくさんあります。それこそ体罰から脅しまで数えきれないほどです。

ムチ（罰）には、不適切な行動を抑制する効果が一見あるように思われますが、子どもの気持ちを委縮させ、罰する人を憎むようにもなります。

アドラー心理学を初めて学んでいた頃、私は不登校・家庭内暴力といった問題を抱える子ども、およびその親たちと数多く接していました。当時気がついたことは、家庭内暴力をする子どもたちの多くが、子ども時代に親から体罰、ひどい場合は虐待を受けて育っていたことでした。子どもは相対的に親との体力差がなくなってきたとき、復讐を目標として家庭内暴力に走っていたのでした。親は自分がやっていたことをそのままお返しされてしまったわけです。

「内発的動機づけ」とは

外発的動機づけが、他者が主にアメとムチ（賞と罰）を使って子どもの行動を操作するやり方であるのに対して、内発的動機づけは、子どもの心の内側から湧き出る興味や関心からやる気が生まれてくることです。

たとえば、次のようなケースが内発的動機づけにあたります。

---

①夏休みの宿題に取りかかるスケジュールを自分で決めて、そのとおり実行しようとする。

②スポーツや習い事をやっているうちに楽しさを覚え、上達し、あるレベルに到達しようとする。

③仲間との関係が良くなり、一緒に何かに取り組もうとしている。

---

④ スポーツやゲーム、あるいは何かの観察に熱中し、時間を忘れるほどになっている。

内発的動機づけというのは、この章のはじめに述べたプラン（Plan、計画）―ドゥ（Do、実行）―チェック（Check、点検）―アクション（Action、是正措置）のサイクルを、他者によらず自分自身で回すことです。

たとえば、外発的動機づけのように他者に駆動力を任せるのではなく、自分自身がエンジンを持ち、自分が計画したことを自分で実行に移し、途中のナビゲーターも人に頼らず、もし軌道がそれたときは、自分で修正するようになることです。その意味では「自律的」な人間になることです。

自律的人間は、誰かからの口出し、干渉が入ったり、あるいは支援を受けたりすると、意欲が低下します。

小さい時期から好奇心旺盛だったタクロウは、小学校５年生の頃、持ち前の好奇心の強さを生かし、カナヘビ（トカゲの仲間）の飼育を覚えました。その様子を妻の「成長の記録」

日記から紹介します。

学校から帰ってくると、仲間5、6人がすぐに我が家に集まってくる。この頃は、みんな手に手に飼育箱を持ってきて、中にはカナヘビが入っている。原っぱで捕まえてきたのだ。集合すると、原っぱに餌を獲りに行くのが日課になっていて、それがすむとまた我が家に戻ってきて、カナヘビの腹をそっとこすって寝かせ、テーブルの上に仰向けに置き、ティッシュの布団をかけて寝かせる。そして子どもたちは寝転がってそれぞれに漫画を読んでいる。

カナヘビが逃げ出し、家の中の物を投げ飛ばして必死で捕まえたり、結局見つからなかったカナヘビもいたり、なんていうこともあったが、カナヘビは卵を産み、タクロウとひろきくんは卵をかえすことにも成功した。

「気持ち悪い」「生き物をおもちゃにしてはいけません」と言うのではなく、カナヘビや餌を器用に捕まえる彼らに感心し、私も目の前で寝ているカナヘビ、尻尾を自分で切って逃げるカナヘビ、卵を初めて見て感激した。この好奇心と探究心は、ここまでやって初めて満たされ、次につながるのだと思った。

思い返せば、我が家は徹頭徹尾、息子の内発的動機づけを支援する姿勢を貫いていたのです。

子どもが夢中になっていることを支援する

タクロウは、妻のお母さん仲間や先生たちからユニークだと言われます。親から見ても今度はどんなユニークなことをするのだろうか、と面白い子です。急にユニークなったわけではなく、私たち夫婦は、彼が幼い頃から彼が夢中になることはなんでも批判せず、大切にしてきました。それが彼らしいユニークさをさまざまな場面で発揮する背景にあるのかもしれません。

お姉ちゃんにくっついて行ったスケートが気に入って夢中にった浅田真央さん。両親が体操の先生で自然に体操を始めるようになり、自ら練習を積み重ね、金メダリストになった内村航平選手。多くの親は、彼らのように世界レベルの活躍とまでいかなくていいから、わが子も好きなことを見つけて打ち込んでほしいと願っているのではないでしょうか。

ピアノ、英語、スポーツ、勉強、そんなものに打ち込むのであれば、親は何かと支援します。しかし、子どもが、将来役に立ちそうもないことや、親の好みにそぐわないものに夢中になると、親は風当たりを強めはしても、なかなか支援をしないものです。

また、「外で遊んでばかりいないで、もっと本を読んでほしい」と思う親がいる一方で、「本ばかり読んでいないで、もっと外で遊んでほしい」と不満を述べる親もいます。どちらも親のないものねだりであって、子どもの希望ではありません。

少ない選択肢しか見えない子どもに、選択肢を広げる可能性を紹介することはよいことだと思いますが、その前に目の前の子どもをよく観察して、本当に楽しそうにやっていること、夢中になっていること、興味を抱いていることを知り、それに沿うような支援、提案をすることが大切です。

子どもが夢中になれるものというのは、そのときはくだらなく見えたとしても、将来その子にとってどのように役立つかはわからないものです。それそのものが役に立たなくても、夢中になれたその経験が、子どもに意欲や達成感や喜びを刻みこむのです。

体験から学ぶ子育ては必ず実を結ぶ

成人したタクロウを見ていると、子どもの頃のさまざまな体験が今のタクロウを創り上げているとつくづく思います。

親は、すぐに成果を求めたいものです。そして、これでよかったんだと思いたいものです。

たとえば他の子どもより早く文字が書けるようになれば、親としては嬉しいことです。しかし、カウンセリングをしていると、小さい頃から親の言うことをよく聞いて成績もよく、親の自慢だった子どもが、思春期になったら無気力になってしまった、あるいはことごとく親に反抗するようになった、という例は稀ではありません。

そこまでいかないにしても、すぐに成果を求めることで、本来ならどの子どもにも備わっているであろう伸びる意欲が十分に発揮できるのかは疑問です。

私たちは、タクロウがやりたいことをやれる毎日を過ごせるよう支援しました。

例えば、こんなふうにです。

服を泥だらけにして帰ってきても、「よく遊んだね」と喜ぶ。友だちの出入りは大歓迎。遊びに必要な素材（ダンボール箱、紙類、文具類、工具、料理道具などはもちろん、小学６年生の頃、仲間と映画作りに夢中になったときは、ホームビデオカメラを自由に使う、衣装にする洋服を持ち出すことの許可など）の提供。パソコンが好きだったので、周辺環境を整え、思いきりできるようにするなどです。

そして、何よりタクロウが夢中になる姿に関心を持ち、それを喜び、彼の楽しさに共感することでした

習い事も本人がやりたいと言ったものを思いきりできるように協力、応援しました。4歳の頃から英語を習い始め、5年生の頃には、一緒に学び始めた仲間が一人もいなくなったので、それを機に知人のイギリス人とマンツーマンに近いレッスンに変更し、浪人生になるまで通い続けました。というのも、タクロウは洋楽にはまり、英語の歌詞を翻訳して聴き込むことも遊びとしてやっていたのです。そのようにして身につけた英語力は、やがて大学受験や就活にもおおいに役立ちました。

小学2年から5年まで、スイミングに通いました。タクロウは水泳が苦手で、その姿にはもどかしさもありましたが、私たちは無理強いをしませんでした。すると、2年生になったとき、水泳を習いたいと言い出し、せっせとスイミングに通い、気がつけば水泳は得意スポーツになっていました。苦手な水泳克服のチャレンジに自ら一歩踏み出し、克服した

ことは、タクロウにとって自信の原点になったと、今でも言っています。本人が水泳に苦手意識を持ってから4年間、タクロウはなんとかしたいと心の準備をしていたのです。

高校では3年の秋までアメリカンフットボールに明け暮れ、大学受験は失敗。予備校には行かず自宅浪人を自ら希望しました。

この浪人生活は、タクロウにとって初めての大きな挫折であり、自己実現に向けての葛藤の日々でした。親が受験に関する話をすると、タクロウは不機嫌になり、口出ししないでほしいと言いました。こんなときに親にできる支援、勇気づけは、口出しせず、いつも通りの穏やかでユーモアのある家庭の雰囲気でいることです。妻は毎食、おいしい料理を作ること、タクロウの話を聴くことで応援していました。

思春期の不機嫌さ、苛立ちは正常な成長の一過程です。どんなに親子関係がよくても、思春期の嵐はあるものです。ただし、尊敬、信頼、共感、勇気づけで育った子どもは、不機嫌なときでも相手の尊厳を傷つけるような態度はとらないものです。

タクロウは、イライラしているであろうときも、食事にはちゃんと出てきて「いただきます」「ごちそうさまでした」「ありがとう」を言い、受験以外の話題にはイライラを持ち込みませんでした。この態度には、「彼の中に尊敬、信頼、勇気がちゃんと育っているのだ」と感動したものです。

一人で葛藤と向き合いながら、第一志望の大学に合格したことは、その後の彼にとって大きな自信となりました。


大学時代は、大きなサークルで多くの友人、仲間にもまれながら、その時期特有の苦しい経験もしながら青春を謳歌し、就活のときを迎えました。こちらが寂しくなるほど親に相談することもなく、生き生きと就活をこなし、彼は自分の好奇心を発揮できる第一志望の会社に就職しました。

タクロウはいろいろな場面で、親の指示ではない自らの選択をし、私たちはそれを支援する子育てをしてこられたと、子育てを終えて実感しています。

尊敬・共感・信頼・勇気づけを心がけ、体験を大切にする態度は、子どもがやがて社会で自立心と責任感を持ち、他者の役に立つ感覚(貢献感)を育みます。完璧でなくてもいいのです。親もまた失敗の体験を重ねながら、不完全な自分たちを受け入れる勇気をもって、共に育てばよいのです。

ほめることの弊害

子どものやる気を伸ばすために「ほめる」という方法がありますが、この章の最後に、「ほめること」について触れておきます。

新聞の子育て相談コーナーにこんな質問がありました。

「5歳の子に対して〝ほめて伸ばせ〟を実践したら、プライドの高い子どもに育ってしまい、できないことを練習してうまくなろうとする気概がなくなりました。自転車にも乗れず、縄跳びもできず、諦めが早くなってしまって大丈夫でしょうか？」

これに対する子どもコンサルタント氏の回答は、おおむね次のようでした。

「ほめて育てる」ことの弊害は、「ほめないとしなくなる」「ほめられないものはしない」と言われるが、この子はそうなったようだ。この子は、けっして諦めが早いのではなく、「楽しくないからやらない」だけである。縄跳びなら仮に2回しか跳べなかったとしてもほめ、次に3回跳べたら「新記録！」と言い、その後2回だったら「惜しい！」「残念！」と、ほめることを中心に言葉がけをすることで子どもに快感を与えることをしているうちに、そこに何かを発見し、「諦めずに頑張る子」に育てられます。

私の印象では、この子は自分でやりたいことが別にあり、にもかかわらず、やりたくもないことを親がほめて伸ばそうとしています。だから、本来やりたかったことをやるのが億劫になるばかりか、新たに自転車乗りや縄跳びにも少しチャレンジしたところで諦めてしまうようになった——と推察します。

子どもコンサルタント氏の回答も、子どもが求めてもいないのにもっと関与することを勧めている点が的を外していると思います。

親がこのように子どもに関わり、いちいち声をかけるのは、過保護・過干渉にもつながります。この例では、あまり関与することがうまくいっていないようですが、仮に成功を収めたとしたら、その後もずっと関わり続けなければなりません。そして、もし不成功に終わったとしたら、子どもを批判するのではないでしょうか。

ほめることには、次のような弊害があることを指摘しておきます。

① ほめることとは、外発的動機づけに属し、子どもが内発的動機づけで自ら取り組もうとする意欲を失わせます。

②ほめることで成功したと思っても、その後も親は、ずっとほめることをし続けなければなりません。言い換えれば、親がほめるかたちの関与をしなくなれば、子どもは課題に取り組まなくなります。

③ほめることの根底には、自分よりも能力の低い子どもを親の理想とする状況へと引き上げようとする、尊敬・共感・信頼とは逆の操作的・支配的な動機が隠されています。そのため、そのことがうまくいかないと、叱る、罰する対応が予想されます。

ただ、誤解のないように言っておきたいのですが、子ども自身が乳児・幼児レベルの、まだ内発的動機づけの心の装置が確立されていない時期は、親が喜びを伴いながら「すごいね」「えらいね」「がんばったね」と、ほめるに属する対応をすることが効果的であることは認めます。しかし、子どもが内発的動機づけで自分を動かせるようになったら、勇気づけの出番です。

外発的動機づけに属するほめることとは反対に、勇気づけは内発的動機づけに属する親の対応であり、尊敬・共感・信頼をもとにした対応でもあります。

第4章

豊かな人間関係と社会性を育てる

子どもは、やがて親の手から離れ、社会に出ていく存在です。親を手本（モデル）にしつつ、きょうだい、祖父母、友だち、先生など、成長の過程で親以外のさまざまな人たちから影響を受けて育ちます。この章では、子どもの対人関係をどう見守るのか、健全な社会性を身につけるために親にできることは何かについて考えます。

1　子どもを取り巻く人間関係

祖父母と孫との関係を尊重する

妻の両親が比較的近いところに住んでいたので、タクロウが生まれて間もないころから祖父母のところに息子をよく預けていました。

幼稚園に通うようになってからは、息子一人で祖父母のところにお泊まりもしていました。祖父母の方からも孫に会いに来ることもありました。いつからか、息子がおばあちゃんの顔を見るなり、「アメある？」と聞くようになっていました。おばあちゃんからジュースや駄菓子などをもらっていたようです。

我が家では息子の健康を考え、そうした食品は極力、与えないようにしていました。息子も心得たもので、私たちの前ではそうしたものを欲しがらず、祖父母の家でねだっていたようなのです。このようなことは、私たちだけでなく、どの祖父母との関係でもありがちです。おもちゃを買い与えすぎて困るという場合もあるでしょう。

どちらにしろ「子どもにお菓子を買い与えないでほしい」と抗議する手もありますが、

正直なところあまり効果があるとは言えません。そう言われてはいても、孫にねだられれば、たいていのおじいちゃん、おばあちゃんは買い与えてしまうからです。祖父母とは孫に対してそういう存在です。

それが悪いというわけではありません。厳しくする人、甘やかしてくれる人、どっちがいてもいいし、両方と接することで子どもは人間関係を学んでいきます。

祖父母と孫の関係は、祖父母と孫の関係であって、親だからといって支配できるものではないのです。親側の方針を一方的に行使することで、祖父母に甘えたい、孫を甘やかしたいという思いを否定し、やさしい祖父母とかわいい孫というあたたかな関係を崩してしまうのは、必ずしもいいこととは言えないでしょう。

「お目こぼし」という言葉があるとおり、あまりにも度を越していない限り、子どもにとって祖父母は甘えて息抜きのできる存在であってもいいかもしれません。

自分たち親子関係が良好であれば、親の立場や価値観とは違う人との関係を多く体験することは、子どもの対人関係のレパートリーを増やすことにつながる、と受け止めることもできます。祖父母には、親の子育て方針を伝えておく一方で、「本当に判断に困ったときは相談してね」とお願いしておくといいでしょう。

タクロウが2歳の頃、義母から妻にこんな相談がありました。

「今日は預かっているときに私のことをすごく叩いたの。やめてねって言ってもきかないの。ふといなくなったと思ったら下駄箱の靴をぜ〜んぶ投げちらかしちゃって……。その後、なんとかなだめてお出かけしたら、『僕、疲れちゃった』って道に座り込んだから、おんぶして帰ってきたんだけど、こんなときはどうすればいいのかしら？」

ちょうど、自我が芽生えてきたころで、この人はどこまで自分の思いどおりになるのかな？　と試すようになっていた時期でした。そしてその日は、やりたい放題で、おばあちゃんの手をずいぶん焼かせてしまったようです。

不適切な行動をするときは、注目を与えないところから始めることはすでに学んでいますね。お母さんはこんなことをしても取りあってくれないのに、おばあちゃんは構ってくれるものだから、息子もエスカレートしてしまったのでしょう。

そんなときは、教育方針を伝え、できれば親と同じようにしてくれるようにお願いしてみるといいでしょう。普段は押しつけず、要所要所で教育方針を伝えていけば、自分たちと祖父母、祖父母と子ども（孫）との関係はより良好なものになっていくと思います。

妻の両親は、妻がタクロウを叱らないことはもとより、タクロウが何かに興味を持つと、満足するまでじっくり待つ姿を見て、同じようにタクロウに接してくれました。

親が子どもを尊敬、共感、信頼する態度で接しているのを見れば、祖父母もそれを感じ取るものです。こうしてください！　と言うより、その姿が一番相手に訴えるかもしれません。

それと同じように、子どもは、自分の親が身近な人と接している姿から対人関係を学んだり、反面教師としたりしているのです。

きょうだいの関係

普通は「兄弟」あるいは「兄弟姉妹」と書くところですが、心理学では、慣習的にまとめて「きょうだい」と書きますので、この本でも「きょうだい」と書いています。

さて、タクロウは、私たち夫婦にとっては一人っ子ですが、実は、異母姉兄がいます。

私は、タクロウが生まれる7年前に離婚し、その後、妻と再婚、翌年タクロウが生まれました。2人の子どもは前妻と一緒に住んでいて、ときどき会う関係でした。15歳年上の姉と14歳年上の兄は、タクロウが生まれてすぐに弟に会うために産院に来てくれました。タクロウが赤ちゃんの頃から2人は、私たちの住むマンションによく来ていました。一緒に旅行したことも何度もありますので、タクロウにとって一人っ子の自覚はあまりなく、中学生の頃は「尊敬する人物は兄」と書いたりして、特に成人に達する過程でこの兄から多くの影響を受けました。大学卒業後も、兄と同じ分野の職業を選択。親よりもこの兄に相談に乗ってもらっていたようです。

アドラー心理学では、性格形成に関して、親だけでなくきょうだいの影響を重視しています。

親の影響としては、次の要素があります。

①家族価値

親にとって重要だと思われる、子どもに要求する価値（理想、規範）のことで、いわば親が言葉で教えていたこと。例えば、「勉強よりも運動で頑張れ」「人に親切にしなさい」「モノを大事にしよう」など。

②家族の雰囲気

親を中心とした家族がかもし出している雰囲気で、いわば親がモデルとなって背中で教えていたこと。例えば、問題に直面するたびに家族で話し合う家族関係、両親の夫婦仲が悪く険悪な雰囲気、など。

きょうだいの影響としては、次の2点が挙げられます。

①関係の取り方

他者との関係の取り方の基本を学ぶ。例えば、第一子は人の面倒を見るのが上手になる、末子は人に従うのが得意、など。

②棲み分け

きょうだいはライバル関係にあり、上下のきょうだいの強い部分はあえて避けて、得意分野の調整を図ること。例えば、すぐ上の兄が理科系科目が得意だと

―　すると、弟は文科系が得意になること、など。　―

なお、アドラー心理学では、きょうだいは誕生順位（何人きょうだいの何番目に生まれたか）によって図に示したような性格傾向になりやすいと考えています。

このように、きょうだいが複数いると、小さい頃から対人関係のトレーニングができます。しかし、単独子の場合、ライバルが存在せず、両親の注目を自分一人で受け、親を主なモデルとして成長します。友人・知人と遊ぶことをあまりしないまま育つと、基本的な対人関係のトレーニングが不足したまま大きくなるので、対人関係のトラブルに巻き込まれてしんどい思いをすることがありがちです。

先生との関係

タクロウが出会った教師の中で、彼を信頼し、面白がり、尊敬し、勇気づけてくれた一番の先生は、小学校5、6年の時の担任の女性教師でした。それは、タクロウに限らず、クラスの一人ひとりがそう感じており、児童のみならず母親たちからも絶大な信頼を受けていました。

きょうだい型

アドラーは家族構成、きょうだい構成がその人の〈ライフスタイル〉に大きく影響を与えると考えました。子どもについてだけでなく、自分にもあてはめて振り返ってみましょう。

第一子

いちばんに生まれ、いちばんでい続けたいと思う

- よく注目の中心になろうとする
- 公正であろうとし、支配的になる傾向がある
- 失敗をきらい、失敗するならその行動をしないことを選ぶ
- 能力を育てたり、責任ある行動をとったりする
- 周囲の期待に応えて、喜ばせようとすることがある
- 安定感があり、順応性がある
- プライドが高く、メンツを気にする
- 自分の地位を脅かす存在がいると、嫉妬深くなる

第二子

追いつくために必死になって走る

- 親や周囲からあまり注目を浴びない
- いつも自分より優位なきょうだいがライバルとして存在する
- すぐ上の子に追いつき、追い越そうとする。兄／姉が持っていない能力を発揮しようとする
- すぐ上の子が〈よい子〉だと〈悪い子〉を演じ、〈悪い子〉だと〈よい子〉を演じる
- すぐ上の子が成功すると、自分の能力について不安になる
- 下にきょうだいが生まれると、圧迫されと感じる
- ほかのきょうだいの足を引っ張ろうとする

※ 第二子は、必ずしも2番目の子とは限らず、すぐ上の子とライバル関係であった子です。

中間子	人をかき分けていく傾向がある	・上、下のきょうだいのようなメリットを持たない ・不公平だと感じることが多い ・ひがみっぽくなることもある ・親から愛されていない、冷遇されていると感じる ・きょうだい間で身動きがとれず、板挟みになりやすい ・家族のなかではっきりした居場所がないと感じる ・勇気をくじかれて〈問題児〉になるか、自分を高める代わりにきょうだを押しのけようとする ・上、下のきょうだいの間とのやりとりに長けているので、適応力がある
末子	赤ちゃんとして生まれ、王座を奪われることがない	・単独子のように行動することがある ・誰もが自分より能力があると感じ、ひがみっぽくなることもある ・上の人がすることをあてにし、責任を引き受けるべきことを他人任せにできる ・物事を深刻に受け取らない ・他者からサービスを受け、自分流にやることで家族のボスになる ・劣等感を育て、上のきょうだいを脅かす行動に走ることがある ・赤ん坊を演じ、他者からのサービスをあてにする ・三人きょうだいだと第一子と同盟を結び、中間子を〈共通の敵〉にする
単独子	巨人の世界のなかの小人	・甘えん坊で、さみしがりや ・注目の中心になって、そのポジションに味をしめる。自分を特別だと感じる ・過保護に甘やかされがち ・マイペースで、したいことをするのが楽しみ ・理想が高い ・同年齢の子どもとの関係は苦手だが、年下や年長者は得意 ・責任感が強い ・第一子のような努力をするタイプと、末子のような依存的タイプのどちらかに分かれる傾向

この先生のおかげで、タクロウは自分が興味を持っていることは比較文化なのだと気づき、将来の指針ができました。その後タクロウが大学受験を失敗して自宅浪人の道を選んだときも、電話で「お母さん、タクロウは心配ない、ない！」と笑って断言し、妻を励ましてくれました。卒業して6年経っても、浪人したかつての教え子みんなのことを勇気づけていたのです。

夏には、自宅浪人中のタクロウに、今年も小学校のプール指導員のバイトにおいでと呼び出して、バイトの後はお昼をご馳走してくれました。

ところが、悲劇は突然やってきました。先生は、その秋に交通事故で亡くなってしまったのです。その悲しみは筆舌に尽くしがたいものでした。

やがて受験のときが来て、ふたを開けてみたら浪人したほとんどの生徒が第一志望に合格していました。先生に胸を張って報告に行きたい一心でみんな頑張ったのです。先生が生きていたらどんなに喜んでくれたことかと皆、悲しみを新たにしたのですが、先生は小学生のときにちゃんと彼らに困難を克服する活力である勇気を与えていてくれたのです。

そんな先生に出会えたタクロウは幸せです。たった一人でもこんな教師に出会えれば十分だとも思います。

教師は、親と同じく大人としてのモデルになります。

小学校1年生の先生から最終学歴の教師までを相撲の星取表よろしく○勝×敗△引き分けのように区分してみると、全敗もなければ全勝もありえません。その中には、勇気づけてくれる教師もいれば、勇気をくじく教師もいます。よきモデルもあれば、反面教師になりそうなひどいモデルもいます。

学校で出会う先生は、子どもがやがて社会に出て巡りあうさまざまな人たちの縮図かもしれません。人間観察のトレーニングだと思って接することもときに必要です。

友だちとの関係

タクロウは、血を分けたきょうだいがいたとしても、日々の生活の上では一人っ子でしたので、妻は彼が赤ちゃんの頃から、多くの人と接するチャンスを積極的につくっていました。

祖父母に預けることや、近所の子どもたちと年齢を問わず一緒にいられるように自宅を開放したりもしていました。初めは2年保育で考えていた幼稚園も、急遽3年保育での入園に変更しました。

幸い当時の自宅の隣が神社で、近所の子どもたちの遊び場になっていました。妻はタクロウが歩くようになると毎日のように神社に連れて行き、タクロウはそこで幼稚園や小学生のお兄さんたちに混じって遊んでいました。

小学生になってからは、我が家を拠点に毎日同級生やその兄弟たちと群れて遊んでいました。

大人の干渉が入る児童館などは好まず、家の周りから町内の路地、公園、空き地など、子どもだけの世界の中で遊ぶ毎日でした。

我が家が拠点になっているので、学校が終わると我が家にみんなが集まってきて遊びが始まります。妻は、彼らが何をしているか、なんでけんかになったのか、何をしようとしているかなどはほぼ把握していましたが、よほどのことがない限り干渉しませんでした。

多少のけんかは、親は陰で様子をうかがっている程度に止め、たとえ2、3日かかったとしても彼らなりに関係修復ができ、嫌なことをすれば遊んでもらえなくなる、楽しく遊べないなどの結末を体験しながら学習しているのでした。

学校の友だちであっても、ここには、ちょっともめるとすぐに仲裁に入ってくる大人がいないので、学校とは違った人間関係があり、学年の男子のほとんどがクラスを超えて遊びに来ていました。

我が家に友人が集まってくるのは、タクロウが社会人になるまで続きました。

第3空間で学ぶ子どもの対人関係

私たちがなぜ、子どもたちが集う場所として我が家を開放したのか、その理由をお話しします。

それは、子どもたちに家と学校の他の「第3空間」を提供したかったからです。

子どもからすれば、家も学校もたいてい大人の監視下にあります。思春期の前半や真っ最中の子どもの健全な発達のためには、隠れ家、あるいは秘密基地のような、親や教師の目が届かない場所が必要なのです。

もしかしたら少々悪いことを覚えることがあるかもしれませんが、子どもたちがおおいに群れて、家や学校ではできないことを試せる場が必要です。我が家であれば、緊急時に妻が何がしかの対応をすることが可能です。これが、まったく大人の目が届かない場所だと、軌道を逸れてしまうことがあるかもしれません。

妻がしたことは、第３空間の我が家に来る子を笑顔で迎え、信頼の態度で接し、彼らの遊びを面白がりながらも口出しせず、帰り際に必ず笑顔で「また来てね！」と送ることでした。

ときには部屋の壁を蹴って穴を開けられたり、近所のおじいさんに怒鳴り込まれたり、どうしたらいいんだろう？　と妻から相談されることもたびたびありましたが、それでも常に尊敬・信頼・共感の態度があったので、子どもたちは安心して我が家を拠点にしていました。「タクロウのお母さんは俺たちの遊びが面白くて大好きだと思っている」との評判も立っていたようです。ひいては、そのおかげでタクロウとその仲間たちは、自然体で対人関係のスキルを磨くことができたと思うのです。

子どもだけの世界を濃くたっぷりと持てたことは、タクロウに限らず、友人たちにとっても対人関係スキルアップのために大きな影響があったと、彼らが成人してから実感しています。

子ども同士にトラブルがあってはならないと思っている親も多いものです。また、ちょっとしたけんかにも口を出して仲直りをさせようとしたり、どちらが正しい、どちらが間違っていると騒いだりして、主役に躍り出てくる親もいます。このような対応は、子どもが対人関係のスキルを磨くチャンスを奪うことになります。

子どもたちは、けんかをしたり、失敗したり、ときに他の友人を寄せ付けないほど同性の友人と恋人のように親密につきあう時期を経たりしながら、距離感を測り、対人関係を磨いているのです。親は、その過程を信頼して見守ることが必要です。

子どもから友人との揉め事の愚痴を聞かされたときは、親身に聞くだけで子どもは満足します。親に解決策も説教も求めてはいないのです。話すことで自然と整理して、自分で対処していく経験を積んでいるのです。

また、子どもによって、人の中に積極的に入っていく子と、そうでない子がいます。とかく親は、消極的な子どもを心配したり、苛立った気持ちで見てしまったりするものです。心配になるのはわかりますが、そのような見方は、建設的ではありませんし、子どもの勇気をくじいてますます対人関係に苦手意識を植え付けてしまいかねません。

消極的な子どもは、人をよく観察していたりするものです。相手の気持がよくわかる優しい子どもだったりします。また、時間をかけてゆっくりと進みたい子どもであったりもします。

大人になって、対人関係がうまくいっているというのはどんなものでしょう？　最終的には、相手を尊敬、信頼、共感できる人間が対人関係もうまくこなせるのではないでしょうか。

親ができることは、子どもに多くの経験を積むチャンスを与えることと、その子なりの速度で対人関係を積み重ねられるよう見守ることです。親子の間に勇気づけの関係があれば、子どもは対人関係にチャレンジし、失敗からも学ぶ活力を持つことでしょう。

2

アドラー心理学の子育てが目指すもの

アドラー心理学が目指す子育てとは、これまで述べてきたように、尊敬・共感・信頼・勇気を通して自立心と責任感、貢献感をはぐくむことです。そして、その結果、子どもが

「社会性」「創意工夫力」「臨機応変力」を身につけることです。これらが身につけば、子どもは社会の中で自立し、自己の創意工夫で自分の力を伸ばし、たとえ困難な出来事に遭遇しても臨機応変に対応して乗り越え、他者と協力しながら社会に貢献する人生を歩むことができます。

では、この最終目標である「社会性」「創意工夫力」「臨機応変力」について、考えてみましょう。

社会性

アドラー心理学では、家族や地域、職場など共同体の中での所属感、共感、信頼感、貢献感を総称して「共同体感覚」と言います。

家族を例にとれば、「私は家族の一員で、家族の一人ひとりの関心に関心を持ち、彼らを信頼でき、進んで彼らの役に立っている」と感じることです。もし、家族に共同体感覚が育っていなければ、どうなるでしょうか。家族内で孤立したり、他のメンバーに不信感を抱たり、自分のことにしか関心がないなど、家族としての絆や協力関係を築くことができません。

人間は一人では生きてゆけない社会的存在です。家族という共同体から始まり、私たちは社会に出て地域や職場で、他の人たちと協力して課題を解決するなど、さまざまなタスクに取り組むことになります。「共同体を構成する仲間たちが、お互いに支え合って生きること」――そのベースにあるのが共同体感覚であり、アドラー心理学がとても大切にしている価値観なのです。

共同体感覚とは、一般的には「社会性」と呼ばれているものと近いといえます。子どもの社会性を育てるのは、子育ての重要な目標の一つです。子どもの社会性を育てるうえで、お父さん、お母さんに心していただきたいことがあります。それは、子どもは親の対応をお手本として学ぶということ、つまり親は子どものモデルであることです。

アドラー心理学が対人関係で実践している言葉のひとつに、「友人に対して使うとその友人が交際を断ちたくなる言葉は、誰に対しても使わない」というものがあります。もちろん、親子関係にも当てはまります。

例えば、レストランで食事中に、子どもの食べ方が気になったとします。

「またそういう食べ方をして！　ちゃんと食べなさい！」

「何度言ったらわかるの！　もう、いやねぇ……」

こんなふうに一方的に叱ったり、子どもを貶《おとし》めるような言い方をしていませんか？

友人同士で食事をしているときなら、いくら相手の食べ方が気になったとしても、けっしてこのような言い方はしないと思います。

親子であるというだけで、なぜかこんな言い方が容認されてしまうような空気がありますが、本来であればこんないじめのようなやり取りが親子間でなされるのも、おかしなことなのです。

親と子は上下関係ではなく対等の関係にあります。友人同士の関係と、なんら変わりないのです。対等な家族関係の中で適切な社会性を身につけた子どもは、やがて社会に出ても、人との間でうまく協力しあい、上手に頼んだり断ったりできるような、社会行動のレパートリーを獲得していきます。

創意工夫力

子ども連れで私のカウンセリングを受けにいらっしゃる方は少なくありませんが、その女性が連れてきたのは0歳児。私たちがお話ししている間、その子はハイハイをして動き回っていました。実に元気なお子さんです。ついにキャビネットにたどり着いて、そこに収納してあったＣＤを引っぱり出して遊びはじめました。

女性は私に「ちょっと待っていてください」と断り、子どものところに飛んでいって「ダメ、ダメッ！」と注意して子どもからＣＤを取り上げます。赤ちゃんはそのときはおとなしくなりますが、私たちがカウンセリングを再開すると、またＣＤをがちゃがちゃと出しはじめる……「ちょっと待っていてください」「ダメ、ダメッ！」、がちゃがちゃの繰り返し。

そこで私は、その子の側に行き、「おもしろい？」と声をかけました。すると、「うん」とうなずく感じがします。まだ言葉を発しない子どもですが、こちらの言っていることはわかるし、意思表示もできるようです。私は「ああ、そうなんだねぇ」としばらく見守っていました。ＣＤ遊びをしてひととおり納得したのか、その子はＣＤから手を放し、別のところにハイハイしていきました。

大人から見ればいたずらでも、子どもにとっては立派な遊びです。好奇心を発揮して、自ら行動しています。それに集中し、夢中になりたいのです。それを途中で禁止すると子どもは満たされないままで、なんとかしてやろうと奮起します。満足してしまえば、自然にやめるのです。

そのこと自体が、子どもへの勇気づけにもなり、好奇心や集中力を伸ばすことにもなります。子ども自身に危険があるときや、周囲に多大な迷惑がかかるときは別として、基本的にはやりたいことを満足するまでやらせると、子どもの好奇心や集中力に基づく創意工夫力はぐんぐん伸びていきます。

創意工夫力は「リソースフルネス」とも言われます。リソース（資源、持ち味）がふんだんにあること（フルネス）です。子どものリソースは、体験と知識を積み重ねることから蓄えられるものです。親が安易に教えてしまったり、ストップをかけてしまったりすると、このリソースが十分に発揮できないまま大人になり、本来の持てる力が生かされないということにもなりかねません。

アドラー心理学は、子ども自身に体験から学ぶことを奨励する心理学です。まさに「体験に勝る教師なし」と捉えているのです。

臨機応変力

タクロウの小学校低学年の、ある夏にこんなことがありました。

妻がお使いに行っている間にタクロウが学校から帰ってきてしまいました。玄関の鍵は閉まっています。タクロウは、ここで断念することなく庭の方に回りました。洗濯物が2階のベランダで干したままになっているのを見つけました。2階の窓が少し空いているようです。

彼は、電柱から2階のベランダに登り、窓から部屋に楽々と入ることに成功し、そのまま家で遊んでいました。

お使いから戻って鍵を開けて部屋に中に入った妻はびっくりしました。彼は、困ったことがあると、めげることなく、持ち前の創意工夫力をこらして臨機応変の対応をする名人です。

もう一つ、大学時代のサークル活動でのエピソードをご紹介します。

後輩が映像処理を担当していましたが、作業に手間取りイベントの直前になっても完成の見込みが立たないことがありました。そのとき、タクロウは残された短い時間の中で、持っているあらゆるアイデアや裏技中の裏技を頭の中で検索し、最短でできる方法を選び出し、技術を駆使することで、もはや間に合わせるのは不可能だろうと思われていた映像処理に成功し、驚かれたことがあったそうです。

このような力は、幼いころからの、自ら興味を持ったこと、やりたいことを失敗を重ねながらも十分やってきたことの積み重ねによって育ったものと思っています。

その原点は、遊びの中にあります。

砂団子を作ること、友だちとかくれんぼをすることも、徹底的に楽しみながら試行錯誤した子どもは、砂団子作りの名人やかくれんぼの達人になる間に、さまざまなことを身につけています。それは、砂団子作り以外のことにも応用され、広がっていくのです。

臨機応変力は、やがて内発的動機づけによる勉強の仕方にも発揮されます。

タクロウは一人で、自分に最適な受験勉強法を考え出しました。遊びの経験の結果は、すぐに明確にならないものです。しかし、それはずっと先に確実に力を発揮するものだと、タクロウが身をもって教えてくれました。臨機応変力は、一朝一夕には身につかないものなのです。直面する課題に対して自分のリソース（資源、持ち味）を生かして対応する、ここ一番で発揮される、勇気のある人間の力です。

「社会性」「創意工夫力」「臨機応変力」――これらを身につけることが、子どもを伸ばし、社会に貢献できる人に育てることにつながることをご理解いただければ幸いです。

第5章

自分を勇気づける

ＳＮＳやメディアからの情報、パートナーとの認識のギャップ、仕事と家庭生活の折り合い、ママ友、ＰＴＡ……さまざまな声や人間関係に振り回されることがあります。この章では、親として直面する悩みをどうとらえたらいいのか、日常生活で出合うケースを想定しながら考えます。親は子どもを勇気づけるだけでなく、自分自身も勇気づけることが大切なのです。

1

情報と子育ての悩み

悩まずに子育てした人はいない

初めての育児。すべてがうまくいくなどということはあるはずもなく、誰もが思いどおりにいかないという壁にぶつかるのが、育児でもあります。独り思いつめて、いつの間にか育児の悩みが自分自身の否定にまで発展してしまうこともよくあることです。

しかし、この壁に親は育てられるのです。自己否定せずに、自分も共に育つチャンスにする選択をしてください。

母乳で育てたいのに順調におっぱいが出ない、身近にいる同じ年ごろの子と比べると言葉が遅いようだ、保育園のほかの子はもう歩き回っているのにうちの子はつかまり立ちもまだ……。

私の妻も、思いどおりにいかないという壁にぶつかり、ときに自己否定にもがいていたのです。

妻は、タクロウが生まれたら完全母乳で育てたいと意気込んでいました。ところがいざ生まれると、母乳は足りず、看護師さんがマッサージしてくれると飛び上がるほど痛くて、こんなはずではなかったと落ち込んでいました。

退院後、私が多忙なので妻は実家でしばらくお世話になっていました。夜中にタクロウが泣くと、母乳が足りてないからではないかと不安になり、できるだけミルクは与えたくないのに与えなければならないことを情けなく思い、無力感を感じるようになっていました。

お産に至るまでもつわりや切迫早産の恐れなどで入退院を繰り返し、出産も22時間かかる難産。そして母乳もうまく出ないことで、本で読んだり、病院で教わったりしたとおりにしてもうまくいかないことをつくづく知ったのでした。

そのとき妻は「成長の記録」日記にこう書いています。

> わからないことだらけで、私は私自身の力を信じることができない。でも、私自身とタクロウを信じたい。初産のお母さんたちは、こんな風に赤ちゃんに対し

てデリケートな気持ちになっているんだね。お手本がほしい！　アドバイスがほしい！　そう思っていたんだね。けれど本当に根底に必要なのは自分を信じる力なんだ。頑張れ私！　私の力を信じて、おどおどしないで、迷わないでね。

このときのことを振り返って妻は、木を見て森を見ない状況だったと言っていました。昼間はご機嫌で過ごし、家族のお世話にもなって順調な日々を過ごしているにもかかわらず、夜中におっぱいが足りなくて泣くことにとらわれていたからです。おおらかに状況を受け入れられない、そのことにも落ち込んでいたそうです。

この日記を書いた数日後の日記に、1年先に出産し、母乳育児をしている友人に電話をしてアドバイスをもらったと日記に書いています。

まゆも、午後になるとおっぱいの出が悪くなって、おっぱいが足りないのか、ゆみちゃんを大泣きさせてしまったことがたくさんあったんだって。あんなに楽々母乳育児をしているまゆでもそんな日があったんだと驚いた。でも1カ月経つと、おっぱいも安定して出るようになってくるし、吸う力もつくから楽になると教えてくれた。体重が4000gを超えるともっとびっくりするほど楽になるから、楽しみにしていてと言ってくれた。

後日談として、妻は1カ月後、そしてタクロウの体重が4000gを超えた後は、友人の言ったとおりにびっくりするほど楽になりました。おっぱいが欲しいとタクロウはクスンクスンと鼻を鳴らして合図をし、するとおっぱいが湧いてきて泣かせることなく授乳できるようになっていました。後で振り返ってみると、なんであんなに思いつめてしまったのかと思うということです。

思いつめてしまいそうなときは、自分一人で抱えないで、周囲の人の力を借りたり、経験者・専門家のアドバイスを受けたりすることです。

また、悩む自分を自分で責めないことです。子育てに悩みはつきものです。子どもが乳を飲んで大きくなるように、ママは悩んで人間的に強くなるのです。

情報にまどわされない

悩みの種は、どれも個人差があることで、誰が悪いというわけではありません。たいていの場合は、そのうちできるようになります。

頭ではそう理解できていても、そのことばかりに囚われていると心が追いつかず、どうしてもイライラしてしまいがちです。昨今は育児書、育児雑誌のほかインターネット、SNSでの情報交換など、情報があふれていて、それらの情報に振り回されてしまうのもその一因でしょう。

周りの人が「気にしすぎよ」といっても不安はおさまらず、ますます負のスパイラルにはまっていきます。そして、負のスパイラルにはまると、次のような思考に陥りがちです。

① 決めつけ

可能性にすぎないものを自分の勝手な解釈で決めつけてしまう。

「わたしは母親失格なんだ」「この子は劣っているんだ」

② 誇張

物事を拡大して大げさにとらえてしまい、1のことを10のように感じる。

「みんな私のことをどうしようもない母親だと思っているわ」「他の人たちもみんなうちの子を最低だと見ているわ」

③見落とし

ある部分だけを近視眼的に見て、他の大事な側面を見落とす。

(例えば、母乳での授乳がうまくいっていないだけなのに)「私、おっぱいがちゃんと出ないなんて母親として最悪だわ！」

④過度の一般化

うまくいっていないことが一つあるだけで、ほかもすべてうまくいかないと思い込む。

「母親としてダメな私は、妻としても、いいえ、そもそも人としてダメなのよ」

⑤誤った価値観

自分が無価値で生きる資格がないなど、自滅的で非建設的な考えにとらわれる。

「こんな私なんて、母親になっちゃいけない人間だったのよ。この子を幸せになんてできなかったら死ぬしかないわ」


アドラー心理学では、このような事実とは異なった、歪んだ発想をして自分自身を生きにくくし、周囲との間に摩擦を生じてしまうような考えを「ベイシック・ミステイクス(基本的な誤り）」と言います。

自分を責めない

ベイシック・ミステイクスを避けるには、ひとりで抱え込んでしまわないのがいちばんです。家族や友人に話を聞いてもらうだけでも、それが通風口となり、風通しのいい心持ちで「そのうち自然と歩きだすでしょ」「ちょっと言葉が遅いだけで、私の子だから結局はすごくおしゃべりな子になるかも」など、ポジティブに考えられるようになります。

それでも自分の殻に閉じこもったり、周囲に振り回されたりしてしまうときは、「コモンセンス」を発動させます。コモンセンスとは、一般には「良識」とか「常識」と言われていますが、アドラー心理学では「共通感覚」と呼び、健全かつ建設的で、現実に即した考えのことをいいます。

コモンセンスを養うためには、次の3つが大切です。

①「それって本当のこと?」と疑う

「みんな私のことを母親失格と思っている」と言うときの「みんな」とは誰で

しょう？　本当に誰かから面と向かってそう言われたのでしょうか。ある人に言われたとしても、ほかの人まで口をそろえて言ったということはないのではありませんか？

「何ひとつうまくできない！」と思っても、ふり返ってみると、オムツはちゃんと替えられているし、寝かしつけはできたりするのではありませんか？

自分が思い込んでいることは、本当にそうなのか、確固たる証拠があるのか検証してみましょう。

②「あ、またやってしまっているな」と自覚する

このベイシック・ミステイクスのメカニズムを知っていれば、その兆しを察知して早めに対処できます。「私は母親としてダメで、妻としても……あっ！　いけない、いけない。またベイシック・ミステイクスに陥るところだった！」と気がつけば、危険ゾーンに入る一歩手前で引き返せます。①のチェックをしてみる、誰かに話してみるなど、囚われている考えからひとまず離れることができます。

③「こうすればどうだろう？」と建設的に考える

自分の考えが非建設的、自滅的になってしまっていることに気づいたなら、建設的な発想に舵をきりましょう。「木を見て森を見ず」のような、細かいことばかりに囚われるのはやめて、まずは大らかな気持ちになってみましょう。

完全無欠な子育てをした人などこの世に存在しません。うまくできないこと、うまくいかないことがあったとしても、子どもはちゃんと育ちます。あなたが、理想の子ども、理想の子育てではないと悩んでいる間にも目の前の子どもは育っていきます。

であれば、一日も早く建設的な考えに切り替えて現実に目を向けましょう。「おっぱいが出なくてもお母さんになれた」「失敗もあるけど私は頑張ってる」「はっきり成果が見えなくてもこの子は毎日生きてくれている」と、自分と目の前の子どもを無条件に尊敬、共感、信頼して笑顔で子育てすることです。決意して実行することで、自分を勇気づけできます。

人生において、子育てを体験できること、子育てを通して自分も共に育てられることは、大きな幸運であり喜びであると建設的に捉えましょう。

2 専業主婦家庭と子育ての悩み

時間がない夫にできること

現代は価値観が多様化し、夫婦のあり方や子育てのスタイルもずいぶん変化していますが、私の場合、妻は専業主婦で私が外で働くというスタイルでした。専業主婦家庭の場合、子育ての負担の多くを妻が担うケースがほとんどではないでしょうか。

子どもが幼いときから、私は仕事で各地を飛び回っていたので家にいないことが多く、帰宅できるのは息子が寝入ってからという日も少なくありませんでした。

妻にとっては初めての子育て。心細いこともあったと思います。とはいえ、私には時間がなくて物理的なケアをするのは不可能でした。

そこで、子育てのパートナーとしてできることは、妻の心理的なケアを怠らないよう努めることでした。具体的には、どんなに忙しいときでも「帰宅したら妻の話を聴くこと」です。普段は少なくとも30分くらいは心がけたいものです。もちろん、余裕があるときは、時間を区切らずたっぷりと聴けばよいのです。

男性にありがちな聴き方のパターンは、「助言・解釈・肩代わり」の3点セットです。

妻が求めていないにもかかわらず、「それはこうしたほうがいいよ」と助言したり、「君のその考え方が根暗なんだ」と解釈したり、頼まれもしないのに、「ここは俺に任せておけ」と、勝手に肩代わりをしようとしたりしがちです。

「今日、こんなことがあって大変だったのよ」

と言われたとき、「それはダメだ、こうすべきだよ」「しょうがないな、今度の休日に僕がやるよ」などと言ってしまいそうになりますが、その気持ちはちょっと横において、途中で口をはさまず、とにかく「聴く」に徹することです。

妻は聴いてほしいのです。そこで意見されると、妻としては「わかってくれない」「まるで私が悪いみたい。自分は何もしないくせに……」と感じてしまうでしょう。

声をかけるとすれば、「私に何かできることがあるかな?」（"May I help you?"）です。そして、"Yes"が返ってきたら、「私はどんな点であなたの役に立てるだろうか?」（"What can I do for you?"）と質問するのです。

話す側も「これはちょっと代わりにやってほしいことなんだけど」「あなたの知恵を借

りたいの」「聴いてもらえたらそれでいいのだけど」と前置きをするようにすると、相手もどんな姿勢で聴けばよいかわかり、会話がよりスムーズになるでしょう。

「あなたが忙しくても、帰ってくると『今日は何かいいことあった？』で始まる夫婦の会話が勇気づけになっている」

息子が成人した今になっても、妻はそう話してくれます。「今日のタクロウはこうだった」という話ができれば、息子の成長の喜びを共有でき、さらに困ったことがあったらすぐ相談できるという状況によって、たくさんの勇気をもらっているというのです。私も愛する息子の様子を聴くことが楽しみで、思春期になっても、成人になってもそれは続いています。

不在の多い私が、息子に「お母さんに聴いたよ。アメフト頑張ってるな！」「面白い映像つくったんだってな。今度観せてくれよ」などと勇気づけできるのも、夫婦の会話のおかげです。息子は、お父さんはお母さんから聴いて、僕のことにいつも関心をもってくれていると感じているに違いありません。

妻の話を聴くことは、妻を勇気づけ、パートナーシップを維持すると同時に、夫にとって子どもの情報を得るのに欠かせない貴重な時間です。

お母さんの時間は子どもを中心に動いていて、それだけで頭がいっぱいになってしまうこともしばしばです。父親が帰るなり寝るような生活だと、ますます母の関心は子どもにだけ注がれるようになり、ひとつ屋根の下で暮らしていてもすれ違いが続き、父親は妻を通じて子どものことを知るチャンスがなくなります。

子どもが赤ちゃんのうちは夫も新鮮な気持ちで関心をもっていたのに、保育園・幼稚園、そして学校へ通うようになるに従って、他人任せに流れていきます。子どもを取り巻く環境は、年齢と共に複雑になっていきます。妻の方も、子どもが赤ちゃんだったときとは違ってPTAなど、親同士のおつき合いもできてきます。複雑化してくるだけに夫婦の会話を続ける努力をしなければ、徐々に話が見えなくなり、そうなると妻の方も、もう話すことが面倒だと感じるようになります。こんな日が続けば、いつしか父親は育児の蚊帳の外に置かれてしまうでしょう。

妻に感謝し、妻を労《ねぎら》う＝勇気づけ

夫が物理的に育児に毎日のように参加できない事情がなかったとしても、「お母さんでなければできない領域」というものは存在し、イクメンでもそこには手を出せません。代表的なのは授乳でしょう。「そりゃそうだ、男はおっぱいを出せないんだから」と言ってしまえばそれまでです。

「ありがとう」の反対、それは「当たり前」です。語源をたどればありがとうは「有り難い」、つまりめったにない物事だから感謝をするのです。

授乳を「母親がするのが当たり前、男ができないのは当然」と見なしてしまうと、そこに感謝は生まれません。

妻が夜中おっぱいをあげるたびに、一緒に起きて付き添うことはできません。代わってはあげられないけど、感謝を示し労いの言葉をかけることはできます。

私は、毎朝、「昨夜も大変だったね」「お疲れさま、ありがとうね」と心をこめて妻をハグすることを欠かしませんでした。がんばっている自分を見てくれている、という実感はその人の勇気を育てます。

子どもだけではなく妻にもきちんと注目し、感謝をきちんと伝えると、それだけで勇気づけとなります。新米お母さんは、自分のことより誰かのためになりふり構わず、必死で生きる、生まれて初めての経験をしています。夫が予想する以上に精神的に不安定になっていて、それがまた自分の弱さをつきつけられたようで、ますますコントロールできなくなるというようなことは、ごく普通に起こることです。寝る時間さえ思うようにならない生活を送っているときに、周囲の人、夫が他のことばかりを気にかけて、母親つまり妻には「お母さんになったのだから当たり前でしょう」という接し方では、寂しいものです。

出産後29日、妻の「成長の記録」日記には、そんな気持ちが書かれていました。

俊憲さんとゆっくり話せなくて元気のない私です。（出産後実家でお世話になっていたため）私はタクロウとの世界にどっぷりつかっていて、俊憲さんは広い世界にいて、私とタクロウがどんな24時間を過ごしているかわかってもらえない寂しさ、自分に注目してもらえないというか、そんな疎外感を初めて味わっています。タクロウのことで、おっぱいをやったりで精一杯だけど、誰かに包み込んでほしい。

子どもと直接触れ合う時間が少なくても、夫が妻をケアすることは、イコール育児に参加しているということにもなるのです。

私の妻は、夫である私が自分を一番大切に思い、優しくしてくれているということが、一番の勇気づけになったと言います。父親が子どもと接してくれると言っても、帰宅するなり子どものところにまっしぐらで妻には関心が薄かったり、いいとこどりばかりしていながら、子どもに泣かれると逃げ出したり、子どもを味方にして「お母さん、怒りん坊だよな。うるさいねぇ」などと言うのは、妻にとって本当に悲しいことです。妻の怒りの裏の感情を見る努力をして、「寂しかったんだね。寂しい思いをさせてごめんね」「頑張ってくれていたんだね。ありがとう」と言える夫でありたいものです。両親の仲がよいことは、子どもも勇気づけるのです。

3 共働き家庭と子育ての悩み

短い時間で濃い勇気づけを

現代では、共働きの家庭が増えています。いわゆる専業主婦がいる家庭に比べると、両親が仕事に出ているぶん、共働きの家庭では子どもが親といる時間が短くなります。

ここで考えてほしいことがあります。女性が社会進出する以前の日本は、そんなに親子が一緒に長い時間を過ごしていたのでしょうか？

昔の家庭は今よりも子どもの数が多く、子ども一人ひとりに多くの時間を費やせなかったと考えられます。私自身も5人きょうだいの5番目（末子）という子だくさんの家に育ちましたから、父母を独占できる時間なんてほとんどありませんでした。

家族が多ければ、そのぶん家事労働が増えます。家電用品も今のように便利ではない時代でしたから、物理的には同じ家に一緒にいても、母はさほど身近な存在でもなかった、というイメージがあります。

むしろ共働きであっても核家族化して久しい現代の方が、親子が一緒に過ごす時間は長いかもしれません。

しかし、「子どもと過ごす時間が短い」ということに、実はさほど問題はないのです。たとえ子どもと一緒に過ごせる時間が短くても、子どもを勇気づけることはできるということを知っていただきたいと思います。

大切なのは「時間の長さ」ではなくて「密度」なのです。短い時間でも充実した勇気づけを行うには、2つのポイントがあります。

---

①子どもが「存在していること」そのものへの勇気づけ
②第三者を介在させた勇気づけ

---

①は、勇気づけの基本中の基本でもあります。尊敬、共感、信頼をもって子どもに接し、「あなたはお父さんとお母さんの大事な子よ」「君が今日も元気でいてくれて嬉しいよ」「学校が楽しいのね、お母さんも見ていて元気になっちゃうわ」——このように無条件に肯定し、勇気づけると、子どもはそれによって活力を得ます。

あなたは「一緒にいる時間が少ない」と思っていても、ダメ出しばかり、小言ばかりでは、子どもにとっては、親といる時間が勇気をくじかれる不快な時間になりかねません。

勇気づけは明日への意欲を生みます。朝、活力あふれる様子で元気に幼稚園・保育園や学校に行く姿を見れば、子育ては時間をかければいいものではないと実感できるはずです。

②は、お迎えのときに保育士から聞いたこと、学校の連絡帳で読んだこと、保護者会で聞いたことなどに、子どもを勇気づけるポイントがきっとあります。

「今日、お友だちの○○ちゃんが泣いたとき、ずっと側にいてあげたんだってね。先生も喜んでいたよ。やさしいのねぇ。お母さんもそれを聞いて嬉しかったな」

「今日は、ドッチボールで活躍したんだって？　連絡帳に書いてあったよ。見たかったなあ！」

などと、お迎えからの帰り道でも家に帰ってからでも、そんな会話をしてみてください。先生はちゃんと僕を見ていてくれた、お父さんとお母さんも気にかけてくれている、という実感が伝わり、子どもの勇気づけにつながるのです。

また、共働き家庭にふさわしい勇気づけ育児もあります。それは子どもに役割を与えることです。家族の立派な構成員と認めて、「パパとママが帰ってくるまでにこれをやっておいてほしいのだけれど、協力してもらえるかな?」と家事をお願いするのです。信頼されていることが伝わるので、子どもは大きな勇気を得て、成長していきます。

一緒に過ごす時間が少ないうえに、家事をさせるなんて……と引け目に感じることはありません。勇気が身についている子は、役割を与えられたことを誇りに思い、家族の構成員である自覚を強めます。役に立っているという喜びは、その子の内発的動機づけにもつながります。

働きながら子育てを頑張るあなたへ

我が家の場合、妻は専業主婦でしたが、子どもに手がかからなくなってきたとき、自分に社会的キャリアがなくなっていたことや、子どもに自分が社会で働く姿を見せられていないことに寂しさや危機感を抱いたと聞いています。

それだけに、働きながら子育てをする母親たちに対して、妻は「その頑張る姿から長い先に子どもたちに社会で働くことの尊さをプレゼントできる日が必ず来る」と尊敬の念を抱いています。

だからといって妻は、じっくり子育てに取り組めるのは人生の中では短い時間なのだから、自分は子育てをとことん楽しもうと、強い決意でキャリアや経済的豊かさより専業主婦を選択したので、後悔はありません。

誰しも、すべての条件を手に入れることはできないものです。自分の意志に基づく選択をした以上、または、さまざまな事情で本当に選びたい方を選べなかったのだとしても、その選択におけるデメリットに目を向けるのではなく、メリットを建設的に生かすことを決意することが、何を選ぶかよりも大切なことなのです。そうしたとき、デメリットもメリットに変わってしまうくらい建設的な未来が待っているのです。

子どもに手がかかるのは、過ぎてしまえば長くはない年月です。働きながら子育てや家事を頑張ってこなしているあなたを子どもはちゃんと見ています。子育てを終えた後には、苦労して培ってきたキャリアも育っているでしょう。ですからそんな自分に誇りをもって、忙しいながらも子育ての短い年月を愛おしんで楽しく過ごしてください。

4 夫婦のバランスを考える

ベストバランスは夫婦次第

育児、家事を夫婦間でどう役割分担するか――それは、家庭の事情、夫婦それぞれの就労状況から通勤時間の長短、本人の体力や能力、性格などによって変動するものです。加えて前項でお話ししたように「お母さんでなければできない領域」というものもあるので、そうした事情すべてをひっくるめて、総合的に自分たち夫婦のベストバランスを考える必要があります。

息子が幼かったころの私が多忙であったことは先述のとおりで、「分担しました！」と胸を張って言えるほど、家事や育児に時間を割けませんでした。早く帰れた日にお風呂に入れたり、休みの日にはオムツの交換をしたりしましたが、それで妻の負担が大幅に減ったというものではありませんでした。

それでも当時の妻は専業主婦でしたから、私たちの間ではそれでバランスが保てていました。

そこに波風が立ったのは、息子が生後9カ月頃のこと。

海外から来日していた心理学者のカップル・カウンセリングを受けた際に、妻は「専業主婦こそ、夫との関係をフィフティ・フィフティにしなければならない」と言われました。男女平等に基づいた、先進的な提案ではありましたが、夜遅くにしか帰宅できない夫と、一日家にいる妻とで成り立っていた我が家に当てはめるには無理がありました。

「夫婦は平等。専業主婦だからといって夫に家事を平等に分担してもらうことを後ろめたく思うことはない」と言われ、それまでは、夫は忙しいのによく協力してくれていると感謝をしても不満はなかったのに、何が何でも平等に協力させなければいけないと感じるようになってしまったのです。

情報にふり回され苦しくなった妻が、私にその思いを伝えてくれたことで話し合い、あらためて今までのバランスに戻すことで合意しました。

アドラー心理学では、夫婦の役割分担は、あくまで固有の夫婦間で取り決めることを大事にしています。時間や労働量で均等にすればよい、というものではないのです。

分担より共有することが重要

当時と比べて現在はさらに価値観が変化し、夫婦のあり方や役割分担についての考え方もずいぶん多様化しています。

一方で、巷《ちまた》には雑多な情報があふれていますが、すべての家庭に当てはまる絶対的な正解がないだけに、翻弄《ほんろう》されないように注意する必要があります。答えは外に求めるものではなく、自分と目の前のパートナーとよく話し合って見つけ出すものです。

家事・育児の配分は時間や状況に応じて変動するでしょう。その際、暗黙の了解で変動させるのではなく、そのつどきちんとお互いが共有しておくことが大事です。

例えば妻が「産休があけたら私も仕事を再開するけど、時短勤務なので私：夫＝7対3ぐらいがちょうどいいかしら」と考えていたとします。夫婦で話し合い、夫もそれに合意し、その3割をほぼ確実にこなしてくれたら、妻は不満の持ちようがありません。

しかし、きちんと具体的に話し合うことなく、なんとなく暗黙の合意で仕事に復帰すると、

「3割ならやってくれると思っていたのに、彼は結局1割程度しかしてくれない……時短と言えど、私だって仕事をしているのに！」

「働き始めたと言っても時短なんだし、9割ぐらいはやってくれるだろう」と、夫婦間の話し合いがないまま、自分の思い込みに基づいて相手に期待していたら、それぞれが不満を募らせる展開になる可能性は否めません。

多い少ないではなく、それぞれが納得する分担をお互い了承の上で実行することが大切なのです。

5 シングルマザーと子育ての悩み

結婚は愛のタスク、離婚は仕事のタスク、離婚後は交友のタスク

日本でも、結婚したカップルの3組に1組が離婚する時代に入りました。シングルマザーも多くなっています。カウンセリングのクライアントや講座の受講者からの情報をもとにすると、シングルマザーの抱える問題は、経済問題はもちろんですが、次の3つの課題が考慮すべきポイントのようです。

①別れた夫との関係
②父性・母性の役割
③周囲の協力

第一に、別れた夫との関係は、大きな課題です。母親にとっては、ときに怒りや憎しみを伴って別れたのでしょうが、子どもにとっては、思い出に残る父親ですし、その後も経済面・精神面で影響力を与える存在だからです。

夫婦になって、その後別れた2人でも、その関係性の推移を見てみると、次のように捉えることができます。

知人・友人が、いつからともなく愛し合い、夫婦になる。子どもができ、幸福な日々が続くが、何かのきっかけで夫婦間にほころびが生じる。感情的なやり取りも入って別れ、子どもはどちらかの親が引き取り生活する。

ここで、アドラー心理学で言うところの、私たちが人生で直面する3つの課題（タスク）をもとに、お互いの関係性を含めた課題を整理してみましょう。

①仕事のタスク……役割・責任・義務が問われる生産活動への取り組み
②交友のタスク……身近な他者とのつき合い
③愛のタスク……カップルを基本とし、親子を含めた家族の関係

ここで、カップルの関係性をシンプルに捉えてみると、仕事か交友のタスクで知り合い、愛のタスクで結婚・生活し、仕事のタスクで離婚し、別れた後をどうするか、です。

アドラー心理学の立場は明確です。

結婚に比べて、離婚に費やすエネルギーは10倍ほどになります。相手と離れるために、怒り・憎しみのエネルギーも必要だったかもしれません。しかし、別れてしまっては元夫でしかありませんが、子どもの父親である事実には変わりがありません。子どもへの面接交渉権という権利を持っていますし、その後の養育費も負担してくれたり、母親に言えないことの相談に乗ってくれたりすることがあるでしょう。

だとすると、もはや怒り・憎しみは必要ないのです。子どもの共通の親として、ときに連絡を取り合わなければなりません。それには、「離婚後は交友のタスク」「子どもの大事なパパ」とわきまえて、やや距離を置いた友人のように接触するのが望ましいのです。

父性・母性の役割と周囲の協力

父親は男性です。最近は、「厳父・慈母」という言葉も伝わりにくい時代になっているかもしれませんが、男性には独特の存在感や父性があります。

シングルマザーが困るのは、この存在感や父性がなかなか出せないことです。子どもを受け入れることだけでなく、ときに引き離すことも必要です。優しさだけでなく、厳しさが求められることもあります。

ここ一番のときは、「それは認められない」「やってはいけないことだ」と毅然とした態度を示すことがなければなりません。

ただし、自分一人で何もかもできないときは、子どもの祖父母や親戚、学校や塾の関係者も含めて協力してもらうことをためらわなくてもよいのです。

子育てを、自分一人で何もかも引き受ける必要はありません。福祉の手を借りることを考えてもいいのです。シングルマザーの方は、今までだって十分やってきているのです。子育てに関する覚悟は、カップルで育てている人よりも強いのがほとんどです。

6 人づきあいと子育ての悩み

そこは子どものための場所

子育てがスタートすると、親、特にお母さんは子どもを中心としたいわゆるママ友とのおつき合いもスタートします。

公園デビューの日には、子どもの服装にも目立ち過ぎないか、ダサいと思われないかなど、いろいろな意味で気を使い、先にデビューしたお母さんたちに受け入れられるかなどのプレッシャーを感じるお母さんも多いようです。

無事受け入れられてほっとしたのもつかの間、子どものけんか、おやつの価値観の違い、お母さん同士でおうちに招いたの招かなかったので悩んだり、落ち込んだりするお母さんも少なくありません。今はSNSのつながりもあり、便利な半面ストレスも多いようです。

そして、保育園や幼稚園、小学校へと、地域の中で関係性が広がっていきます。

私の妻は、お母さん同士でうまくいっていないな、と感じたとき、距離を置けばいいと考えていました。なぜなら、公園も、幼稚園も小学校も、タクロウのために行っているわけで、自分の友だちをつくるために行っている場所ではないからです。子どもや行事に支障がない程度につき合えばよい、と開きなおることにしていました。

そんな心持ちでいることで、誰それは誰それの家に呼ばれたとか、自分には声がかからなかったなどということが気にかからないので、かえって人間関係がうまくいき、たくさんの友だちができたようでした。今では彼女の無二の親友と言える友も、その時期に出会った人でした。

とはいえ、こんな出来事もあったようです。

タクロウが幼稚園の頃、妻は同じクラスのとても若いお母さんから、突然無視をされるようなりました。幼稚園が終わってから毎日公園でたっぷり遊ばせている仲間の一人で、これといった心あたりもなく、妻はショックを受けました。初めは気のせいかな？　と思っていましたが、毎朝、「おはよう」と声をかけても、その人は明後日の方を向いたまま通り過ぎて行くのです。

こんなことは生まれて初めての経験でした。公園では相変わらず遊んでいましたが、妻とは口を聞こうとはせず、これ見よがしに他の人としゃべっています。タクロウは楽しそうに遊んでいるので、妻は重い気持ちを隠して、他のお母さんと話してやり過ごしていました。

そのうち、他のお母さんから、その若いお母さんが、妻がいないときに悪口を言っているとの電話がありました。その人は普段から気持ちのよい人で、妻を心配して電話してくれたのです。

人の課題に引っかからない

このことについて妻は「成長の記録」日記に次のように書いていました。

どうやら、彼女の話によると、私たちが「愛と勇気づけの親子関係セミナー(SMILE)」を(彼女を除く)みんなで受けたことに嫉妬していたようだ。彼女にも声をかけたけど、彼女は否定的に断ったのに。昔の私なら、私に何か悪いところがあったのか聞いて、誤解を解きたい、謝りたいと思ったけど、今は違う。放ったらかすことにした。それは、これは彼女の課題だから。小さい子が泣いて攻撃して思い通りにしようとすることに、ご機嫌うかがいするのはおかしいように、彼女が無視という手段で私を動かそうとするのに動かされていたら変な対人関係だもの。不都合なことがあったら、相手に伝えて、理性的に話し合うのが大人の対人関係だものね。引っ掛ける方も引っ掛ける方だけど、引っ掛かる方も引っ掛かる方だもの。

電話をくれた人には、「心配してくれてありがとう。でも、私放っておくね。どうしても私に言いたいことがあったら本人が言えばいいんだし。悪口も、それを聞いた人がどっちを信じるか決めればいい。それで、私を悪く思うなら、それまでのご縁だったって考えようと思う」と伝えた。

それから1カ月ほどして、公園で彼女は何もなかったように私に話しかけてきた。私も何もなかったように笑顔で答えた。本当は、この間、私はとても辛かったし悲しくて元気がなくなる日もあった。でも今日は、苦しかったのは私だけでなく、彼女も苦しんで彼女自身の問題を彼女なりに解決していたんだと気づいた。それでこうして彼女が解決してくれたことが嬉しかった。

私たちの身の回りには、無視やさまざまな手段を使って操作をしようとする人がいます。その背後には、嫉妬・羨望、劣等感など複雑な感情が交差しています。しかし、それらの感情を抱くのも、またそれらに基づいて行動するのもその人の課題であって、あなたが責任を感じることも、ご機嫌を取る必要もありません。複雑な感情を処理しなければならないのは、その人自身であるのに、あなたがそこに踏み込むことによって、あなたが巻き込まれることは無益です。

揉め事があったときの4つのポイント

人間関係で、人から非難されたりすると、過剰反応して仕返ししようとする人がいますが、そうしているうちにエスカレートして収拾がつかなくなってしまいます。揉め事があったときには次の４つのポイントをもとに判断するとよいでしょう。

①本質的な問題か？

生きていく上で不可欠な問題。生命、財産、身体に実害を及ぼす要因でなければ、瑣末な問題（ちょっと面子が傷つく、他者から非難された）として鷹揚《おうよう》に構えましょう。

②事実と意見を分けてとらえる

他者の思い込みに基づく意見に気をとられて悩む前に、意見は意見として聞きながら、実際に起きた事実だけに目を向けて対処しましょう。

③最悪の事態はまずないと考える

このままだと取り返しがつかないと思い、悪い妄想を膨らませるのはやめましょう。「そのことで命はとられない」くらいに考え、現実に任せておけばよいのです。

④怒りの感情をコントロールする

相手の怒りにひっぱられず、距離を置いて冷静に対処する。攻撃的に怒りをぶつける人は臆病な人で、怒りは恐れを表明する手段なのです。

トラブルを解決することが最終目標であるなら、怒りをぶつけて争いに発展させることは得策ではありません。怒りはしたが争わないという決定もできるのです。

保育園・幼稚園、小学校は子どものための場所。幼稚園や学校情報を得るためにも友だちがいると協力し合えるのでよいかもしれませんが、そのために無理をしてストレスをためることはありません。保育園・幼稚園、学校などの場で会ったときに、気持ちよく協力し合ったり、和やかにお話しできたりすれば、それ以上のおつき合いがなくてもよいではありませんか。友だちができたらラッキーなくらいでよいと思います。

あなた自身を勇気づけること

私は、カウンセリングや講演で、「あの子を授かった日のこと、その後の大変な時期を思い返してください」と語りかけることがあります。子どもが生まれたときには「私のところに生まれてきてくれてありがとう！」と思い、家で一緒に暮らしてからは「今日も共に過ごせてうれしかった」という日々を過ごしていたことでしょう。疲れてへとへとになっても、子どもの寝顔を見て安らいだことがありませんでしたか？

ところが、何年か経つとだんだん欲が出てきて、他の子との比較や理想の状態から引き算をするようなことを覚えます。子どもも次第に生意気になって、思春期に入ると、問題ばかりだと思ってしまって苦しむこともたびたびです。

そんなふうに思ってしまったかもしれないあなたへ、最後のメッセージをお伝えします。

子育てにつまずいたとき、悩むときは特に、一刻も早く答えがほしい、解決してほしいと切望するものですが、子育ての結果を焦らないでください。

子育ての結果は遠い先にあります。こうあってほしいという親の理想で支配するのではなく、目の前の子どもをありのままに受け入れ、子どもが子どもなりに育つ力を信じ、共に育つ覚悟の時間を積み重ねた先に、その子ばかりかあなたも幸せを感じることのできる結果があるのです。

目の前のあなたの子どもと、あなたの尊敬する友と過ごすように楽しく過ごしてください。

かけがえのないあなた自身と同じように、かけがえのない自分を一生懸命生きるあなたの小さな友を支援してください。迷ったら、尊敬・信頼・共感を思い出して、あなたと子どもに勇気を与えてください。

そうしたとき、日々の折々に、また遠い先に、親である喜び、幸せ、あなた自身が成長する喜びを味わうことでしょう。

終章

新しい時代の親子関係

「ダイバーシティ（多様性）」と「インクルージョン（包括性）」の時代を迎えています。家族一人ひとりが対等な立場でお互いを認め合い、協力して家族のタスクに取り組んでいく――「尊敬」「共感」「信頼」をベースにしたアドラー心理学の勇気づけ子育ては、新しい時代の価値観とぴったりと符合します。

子どもは親のあり方をモデルにする

この本の主人公、タクロウのその後について少し触れておきます。

社会人になってからも、彼は子どもの頃から培ってきた持ち前の好奇心・創造性を発揮しています。主な職務であるマーケティングの他に、新入社員のトレーナー役や新規採用面接も担当し、活躍の場を広げています。

社会人になってから一人暮らしを始めましたが、離れて暮らしていても、LINEなど便利なコミュニケーション・ツールがあるので、情報のやり取りは同居していた時期より活発な感じがします。たまに家に帰って来るときの挨拶は「ただいま」です。

昨年（2020年）の8月、大学時代に同じサークルで活動していた女性と結婚し、幸せに暮らしています。ただ、コロナの影響で披露宴も新婚旅行も実施することができませんでした。お互いの実家にも足を運べない日々が続いています。

両親も彼らの自宅を訪問できないでいますが、その生活ぶりを聞くと、二人で話し合いを重ね、挙式の代わりに記念写真を撮ったりして思い出づくりの工夫をしています。

アドラー心理学では、家族が醸し出している空気を「家族の雰囲気」と言いますが、話し合いを大切にし、お互いに支え合うという点で、私たち夫婦が営んできた家庭生活と同じような雰囲気になっていることを微笑ましく思っています。タクロウは、両親のやり取りをモデルにして、いつしか親と同じようなあり方を身につけていたようです。

もちろん、長い結婚生活の間には、思いもよらない問題や出来事が発生することもあるでしょう。それでも、「尊敬」「共感」「信頼」をもとにした「協力」によって、彼らは困難をきっと乗り越えてくれると信じています。

働く姿を見て親を見直す子どもが増えている

今、時代は大きく変化しています。2020年に始まったコロナ禍によって、それがさらに加速している感があります。

テレワークの推進、オンラインでの会合など、デジタル技術を生かした社会の効率化が進みました。外に出て人と直接会うことは抑制される一方、家の中で家族が共に過ごす時間は急激に増えました。

このことは、家庭や地域、学校や職場といった人間集団のあり方に大きな影響を与えています。

その一例が、一時期流布した「コロナ離婚」という言葉です。家という閉鎖空間の中で長時間、夫婦が過ごすことにより、これまで抑えられてきた不満や不都合が表面化し、破局を迎えてしまったというわけです。

反対に、「コロナ再婚」といえるケースもあります。いわば家庭内離婚状態であったカップルが、一緒に過ごす時間が増えたことで絆を取り戻し、家族の修復に至ったというのです。

親子関係においても同様で、関係が好転したケースもあります。

現代では、子どもが親の働く姿を直接見る機会はめったにありません。ところが、テレワークになると、子どもが初めて親の仕事をする様子を見ることになります。「お父さんお母さんは、あんなふうに仕事をしているのか」と頼もしく思うことも少なくないといいます。

第一生命保険が実施した第32回「大人になったらなりたいもの」アンケート結果（2021年3月）によれば、小学生男子の1位は「会社員」、女子でも4位に「会社員」（1位はパティシエ）がランクインしています。中学生・高校生に至っては、男女共に1位が「会社員」です。

こんなことは、今までにありませんでした。親の働く姿を間近に見て、従来の認識が大きく変わったといえます。

家事は「分担」から「共同参画」へ

私は、最初の緊急事態宣言の期間中、SNSの読者やヒューマン・ギルドの会員に対して声かけをし、のべ240人の方々と個別あるいはグループでオンライン・コミュニケーションの時間を持ちました。その中でのやり取りを通して、私はこれまでの夫婦関係、親子関係が大きく転換していること、そしてこの傾向は今後もずっと続くだろうと実感しました。

そのポイントをいくつかご紹介します。

まず、「共同参画の家事」です。

先進諸国の中でもっとも男性の家事分担の割合が少なかった日本の家庭事情が、この1～2年で様変わりしました。これまで取得しづらい面があった男性の育児休暇も、大幅に認められる風潮になりつつあります。

ある共働きの家庭では、妻が出社、夫はテレワークという勤務体制になりました。そのため、掃除と夕食は夫が担うようになったそうです。

また、ある4人家族では、家事に対して夫が「手伝おうか」と申し出たことで、妻とけんかになりました。そもそも「手伝う」という発想の中に、「家事は本来妻の仕事」という意識があったからなのだといいます。

「家事・育児は妻の仕事」という暗黙の役割分担は、新しい時代には即していないのです。

デジタル化の中でのアナログの重要性

次に、今の時代に特徴的な家族の問題として、「スマホやゲームの問題」が挙げられます。

新型コロナウイルス感染症への対応として、学校に対して休校措置が求められた時期がありました。これによって、子どもたちが一日の大半を家で過ごさなければならなくなり、子どもたちのゲーム依存、スマホ依存がさらに顕著になりました。スマホやゲームの度を過ぎた使用を巡って親子間でトラブルが生じるようになり、親の子どもに対する暴力や、子どもの家庭内暴力が頻発したのです。

スマホへの過度な依存は、うつや睡眠障害、記憶力・集中力・学力の低下をもたらし、脳が蝕まれていくことを専門家は指摘しています（『スマホ脳』アンデシュ・ハンセン著、新潮新書）。

また、日本では最近、デジタル教科書の本格導入にあたって、紙とデジタルの教科書を比較した学習効果の研究が進められ、デジタルは情報収集には向いていても、学習効果の点では紙の教科書に劣ることが報じられています。これにより紙とデジタルの併用が望ましいという方向に向かいそうです。

こんな事情から、子どもの想像力を掻き立てるために本の読み聞かせの効用が再評価されています。子どもの孤立に向かいがちなゲーム依存、スマホ依存を抜け出し、親子間で直接的な心の交流をしようとする姿勢が求められているのです。

「タテ」から「ヨコ」の親子関係へ

3つ目は、「タテからヨコへの親子関係」です。

従来の組織で有効に機能してきた「タテの関係」に、今、変化が生じています。タテの関係とは、支配—服従（時に依存）の関係です。これが、価値観の多様化で機能しなくな

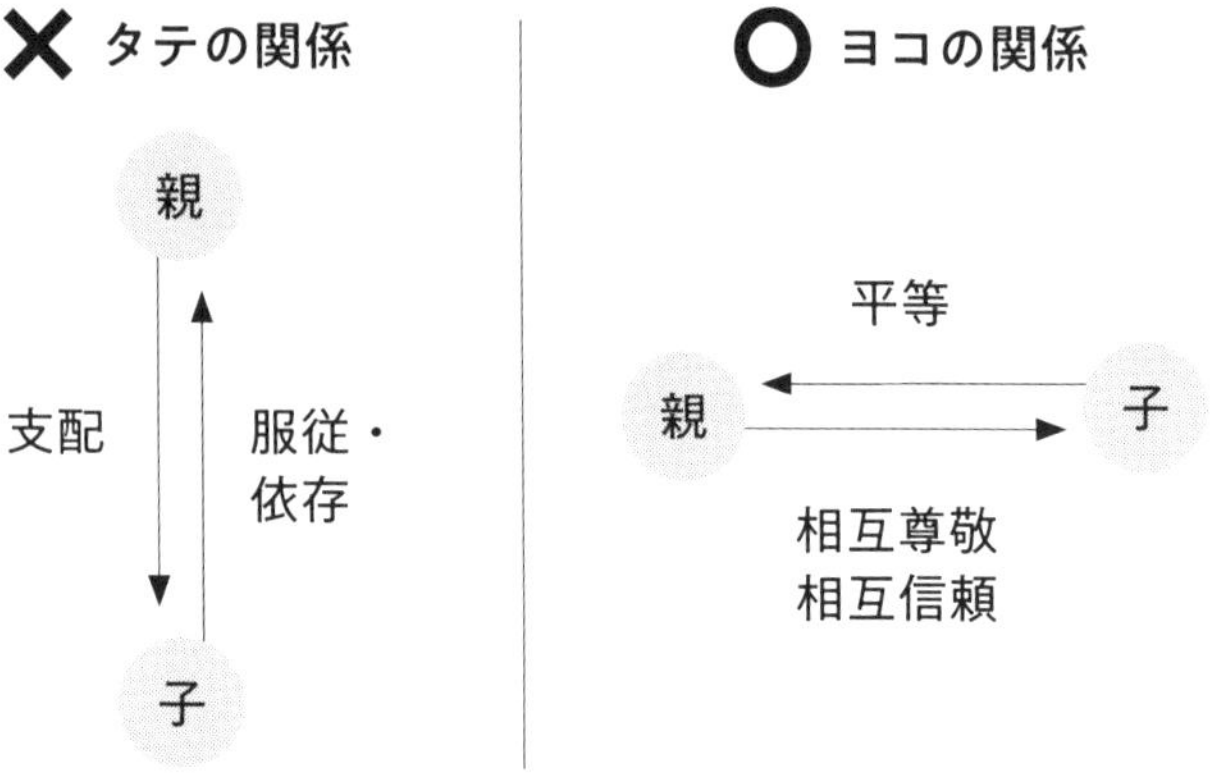

り、リモートワークの推進などで力による「支配」がさらに難しくなってきたのです。

代わって強調されるようになってきたのが、「ヨコの関係」です。

「ダイバーシティ（多様性）」「インクルージョン（包括性）」など、新しい時代の価値観を象徴する言葉は、どんな立場の人間も対等に認められるべきだという「ヨコの関係」を意味しています。

ヨコの関係に基づき共に貢献し合うという動きは、家庭にも及んでいます。親と子は支配―服従の関係ではなく、一人の人間として対等に向き合い、お互いに力を合わせて家庭生活を運営していく――そんな「協力的な親子関係」が求められる時代です。

つねに「家族の話し合い」を

「協力的な親子関係」の実際の運用例として挙げられるのが、アドラー派の人たちが推奨している「家族会議」です。

私は240人とのオンライン・コミュニケーションから、アドラー心理学で重視されている「家族会議」がこの時期にこそ必要だと着想し、2020年の6月から12月までの間に69人の「家族会議ファシリテーター」を養成しました。

コロナの影響で、離婚、DV、子どもの家庭内暴力などさまざまな家族間の問題が発生していることから、家族の再創造を迫られていることを訴えたのです。民主的で勇気づけ合う家族の構築のために「家族会議」を広めることを責務と感じていました。

家族の絆を強め、健全な結びつきを保つためには、家族が「ヨコの関係」の中でお互いに尊敬・信頼し合い、責任を分かち合うことが重要です。その有効な手段の一つが「家族会議」なのです。

ただ、「家族会議」と言うと、何かしら制度的な印象を与えるので、私はその前段階として「家族の話し合い」をお勧めしています。

夫と妻、親と子、子と子の関係をつなぎ、より強化するために「家族の話し合い」は必要です。夕食後などの団らんのひと時は、その絶好の機会です。

取り上げる話題は、家庭内の仕事の分担、誰かの心配ごと、不平不満、家庭内で起こった喜ばしい出来事、レクリエーションの計画などで、このような「家族の話し合い」を通じて、お互いをサポートし合える関係を築いていくのです。

以上にように話し合いの機会を持ち、「タテの関係」から「ヨコの関係」へと代わる「協力的な親子関係」を構築できれば、一人ひとりの家族が所属感、信頼感、貢献感で満たされます。こうして「共同体感覚」あふれる家族像が実現するのです。それは、これから先の時代の価値観ともぴったりと符合する家族のあり方だと確信しています。

おわりに

この本の中で何度か繰り返されている言葉があります。
それは第4章の2「アドラー心理学の子育てが目指すもの」の次の表現です。

アドラー心理学が目指す子育ては、尊敬・共感・信頼・勇気を通して自立心と責任感、貢献感をはぐくむこと、そして、その結果、子どもが「社会性」と「創意工夫力」と「臨機応変力」を身につけることです。

この本の核心部分でもあり、図式化すると次のとおりです。

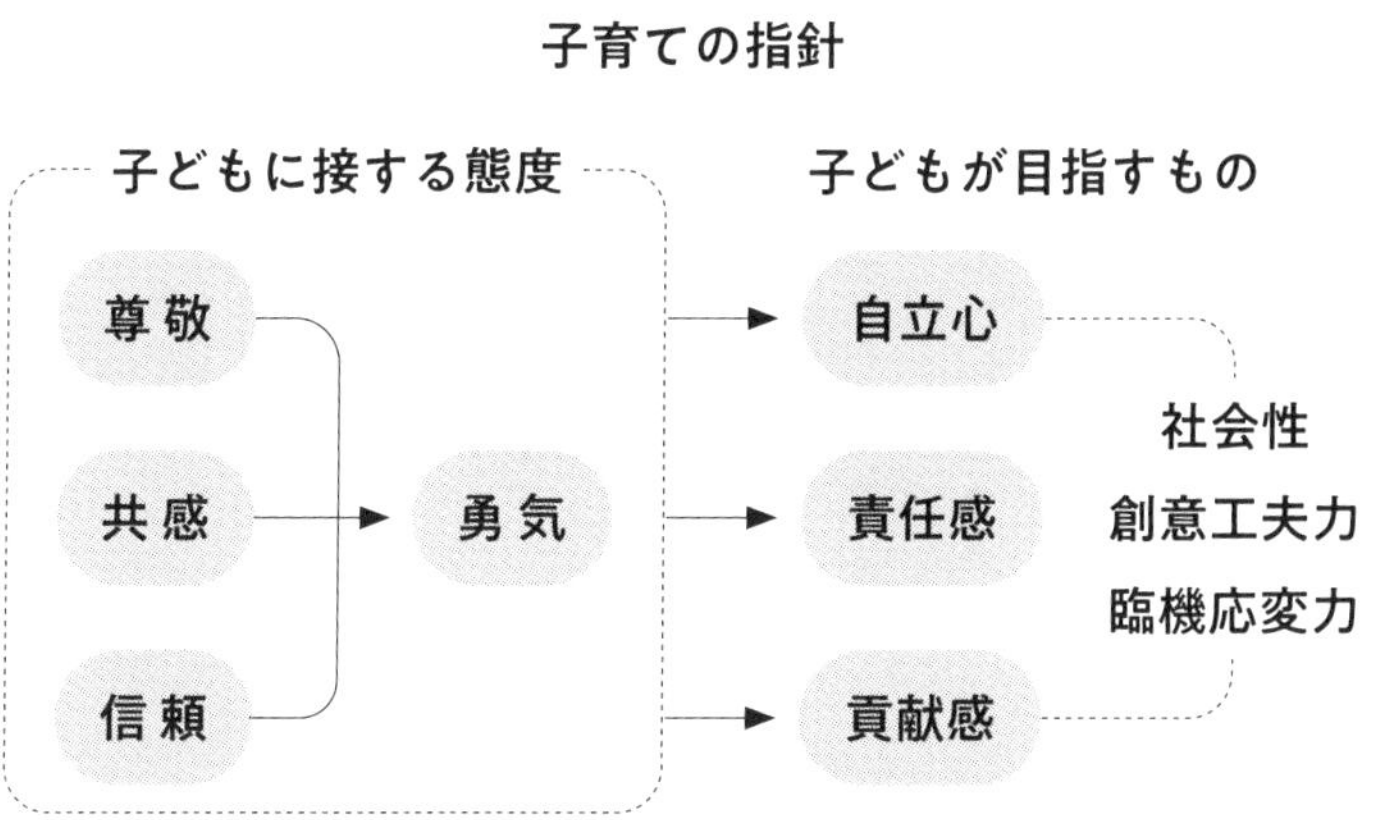

ここに書かれた尊敬・共感・信頼・勇気、さらには自立心・責任感・貢献感などの言葉は、アルフレッド・アドラー（1870〜1937）が創始し、後継者によって磨き上げられたアドラー心理学の子育て理論で重視されていたものです。

言葉にするのは簡単ですが、実際にこの言葉どおりの実践は容易ではありません。アドラー心理学を長らく学び伝えている私にとっても、正直揺らぐことがありました。

しかし、幼稚園教諭経験者で、私のもとでアドラー心理学を学んだ妻は、タクロウの命を授かったときからこの子の命の責任を担う決意をし、覚悟を決めました。ただ、本の中でも書いているように、ときには忍耐を問われる場面もありました。

そんなときは、尊敬・共感・信頼・勇気の親側に必要な態度に戻って対応しました。尊敬・共感・信頼・勇気の親側の態度には、地道な決意・覚悟・忍耐を伴うことを、改めてお伝えしておきます。


この本は、もともとキノブックスから『親と子のアドラー心理学』として2015年に発刊され、アドラー心理学の子育て本の定番として人気を博していました。しかし、残念ながら同社の出版方針の変更により絶版が確定しました。

そこで、この本の命を何としてもつなげていきたいと念願していた私は、方丈社の小村琢磨編集長にリメイク出版の打診をしました。すると、編集担当に若林邦秀さんをご指名くださいました。若林さんは、アドラー心理学をヒューマン・ギルドで学ばれた方であると共に、妻のことも、小学生の頃のタクロウもご存じの方で、さらに私の初めての子育て本『ぼく お母さんの子どもでよかった』(共著)をPHP研究所在籍中に出版してくださった方でもあります。その他にも数点私の本を手がけてくれていて、私とはもっとも相性のいい編集者です。

若林さんは、元本の一部の内容を大胆にカットしつつ、終章として「新しい時代の親子関係」を令和の時代に合わせて書き加えることをご提案くださいました。その結果、妻の子育て日記の大半を生かしながらも、今の時代にふさわしい本として「協力」の要素も加えて蘇ることになったのです。

出版をご快諾いただいた小村編集長、編集を担当された若林さんに感謝申し上げます。

そして、やはりこの本には共著者に値する妻、岩井美弥子の存在が大きいことをお伝えしなければなりません。彼女の「育児日記」がなければ、この本は成立しなかったといっても過言ではありません。また、私たち夫婦の作品ともいえるタクロウ（仮名）も立派な主人公役を果たしてくれています。

私たちは子育てをしながら、逆に子どもから育てられていると感じる機会が何度もありました。子育てと言いながら「親育ち」あるいは「共育ち」であったことが実感させられます。その点から妻の美弥子、息子のタクロウにも感謝します。

次に、ヒューマン・ギルドが開発・普及している「愛と勇気づけの親子関係セミナー（SMILE）」の普及にかかわる人たちに感謝申し上げます。より健全な子育てのために、あ

るいは子育てにお困りの人たちに、名前のとおり「愛と勇気」を与え続けてくださってい
るからです。
そして最後に、この本を手にし、最後まで読み通されたあなたに感謝申し上げます。あなたはきっと、本書の内容を自らの子育てに生かされることでしょうし、子育てにお困りの人たちに本書を参考に的確なサポートをされることでしょう。本当にありがとうございます。
この本が多くの方々の手に届き、令和の時代の子育てに勇気と希望を与える本として読み継がれることを願っております。

令和3年6月

岩井俊憲

岩井俊憲

(いわい・としのり)

1947年栃木県生まれ。70年、早稲田大学卒業。外資系企業の管理職を歴任後、2年間、不登校の子どもたちとその家族をサポート。85年、有限会社ヒューマン・ギルドを設立し、代表取締役に就任。ヒューマン・ギルドでは、カウンセリング、カウンセラー養成や公開講座を行うほか、企業・自治体・教育委員会・学校でカウンセリング・マインド研修、勇気づけ研修、リーダーシップ研修や講演をおこなっている。「勇気の伝道師」をライフワークとしている。おもな著書に『マンガでやさしくわかるアドラー心理学』シリーズ(日本能率協会マネジメントセンター)、『人生が大きく変わるアドラー心理学入門』(かんき出版)、『人間関係が楽になるアドラーの教え』(だいわ文庫)、『働く人のためのアドラー心理学』(朝日文庫)ほか。ハリウッド大学院大学客員教授。

ヒューマン・ギルド　ホームページ

http://www.hgld.co.jp

岩井俊憲の公式ブログ

http://blog.goo.ne.jp/iwai-humanguild

You Tube「アドラー心理学専門チャンネル」

https://www.youtube.com/channel/
UCFSDEPGZ4kUu2a0EsTtWwmA/

装　丁　北谷彩夏
構　成　若林邦英
ＤＴＰ　山口良二

アドラー心理学《しんりがく》　愛《あい》と勇気《ゆうき》づけの子育《こそだ》て

2021年8月10日　第1版第1刷発行

著　者　岩井俊憲《いわいとしのり》
発行人　宮下研一
発行所　株式会社方丈社
〒101-0051
東京都千代田区神田神保町1-32
星野ビル2階
tel.03-3518-2272　fax.03-3518-2273
ホームページ https://hojosha.co.jp
印刷所　中央精版印刷株式会社

Printed in Japan
ISBN978-4-908925-82-5

方丈社の本

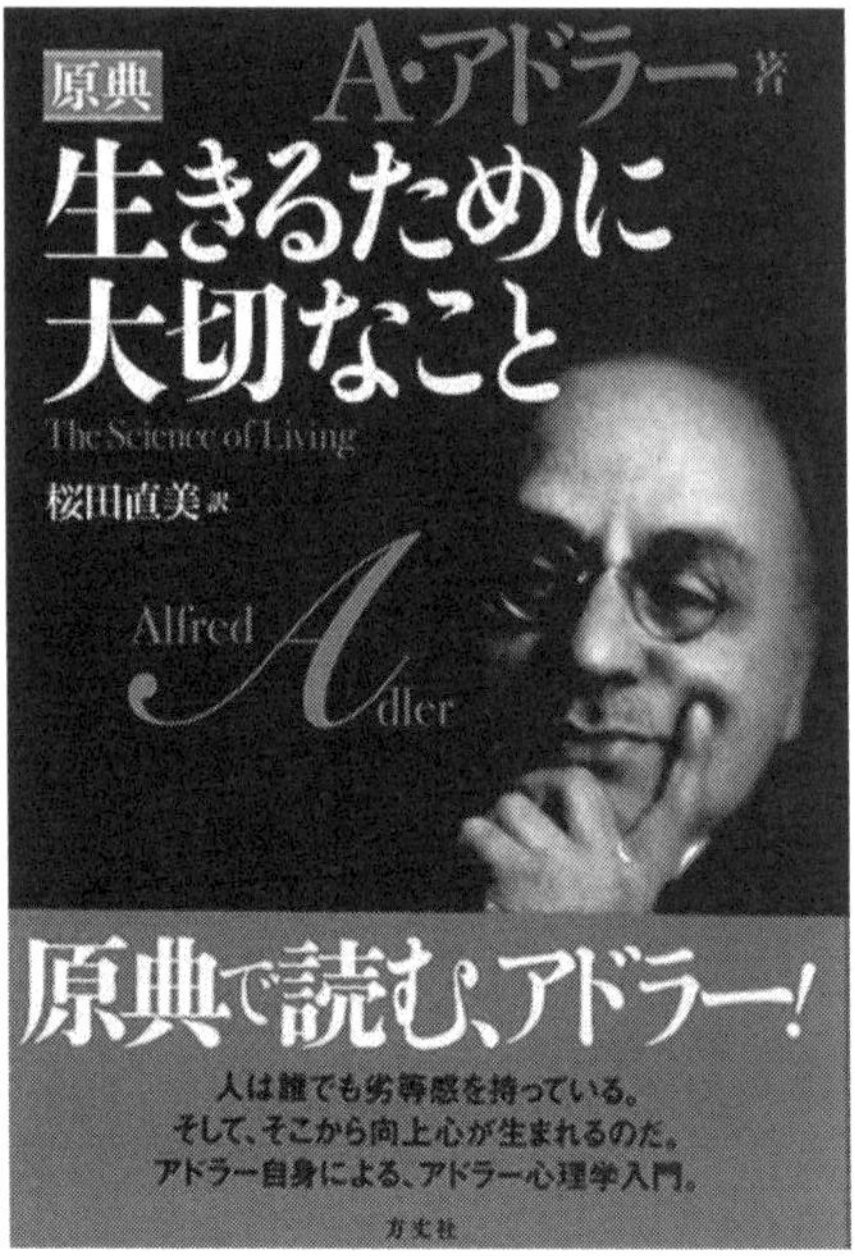

生きるために大切なこと

アルフレッド・アドラー 著　　桜田直美 訳

原典で読む、アドラー！

人は誰でも劣等感を持っている。そして、そこから向上心が生まれるのだと説いたアドラー。「今、ここにある自分」から出発し、自分を見つめ、自分と向き合うことで、他者とも向き合うことができるようになると、わかりやすい言葉で語りかける。

四六判　256 頁　定価：1,400 円 + 税　ISBN：978-4-908925-00-9